métro 4

Vert

Revised edition

Gill Ramage

Heinemann

Heinemann is an imprint of Pearson Education Limited,
a company incorporated in England and Wales, having
its registered office at Edinburgh Gate, Harlow, Essex,
CM20 2JE. Registered company number: 872828

Heinemann is a registered trademark of
Pearson Education Limited

© Gill Ramage 2001

First published 2001

09

12

A catalogue record is available for this book from the British Library on request.

ISBN: 978 0 435381 04 2

Produced by Ken Vail Graphic Design
Original illustrations © Heinemann Educational Publishers 2001

Illustrations by Celia Hart, Sylvie Poggio Artists Agency (James Arnold, Nick Duffy, Belinda Evans,
Roger Haigh, Rosalind Hudson, Simon Jacob, Paul McCaffrey), Chris Smedley

Cover design by Miller, Craig and Cocking

Cover photograph by Paul Raferty

Printed and bound in China (CTPS/12)

Acknowledgements

The author would like to thank Pete Milwright, Anne-Claire Robert, Tonya Hills, Monique Wilson,
Muriel Lawrence, Hillary Plummer, Alex Bartley, Lynn and Alison Ramage, Gaëlle Amiot-Cadey,
Nathalie Barrabé and the students of the Association Cours D'Art Dramatique, Rouen, François
Casays at Accès Digital and the staff and students of the Collège Roquecoquille, Chateaurenard for
their help in the making of this course.

Special thanks to Pete, and my family.

The author and publishers would also like to thank the following for permission to reproduce copy-
right material: Popperfoto/Reuters p. 20 (The Simpsons)

Photographs were provided by Popperfoto/Reuters p. 77 (Madonna), p. 77 (Fabien Barthez), The
Kobal Collection/Danjaq LLC/Keith Hamshere p. 39 (The World is not Enough), p. 77 (Inspector
Gadget), Photodisc p.68 (ice-skater), Corbis p. 69 (Christmas market), p 69 (Easter in the Caribbean),
Camera Press p. 77 (Prince William), p. 77 (Kate Winslet), Ancient Art & Architecture Collection
Ltd/R Sheridan p. 77 (Carnac Standing Stones). All other photos are provided by Martin Soukias
and Heinemann Educational Publishers.

Tel: 01865 888058 www.heinemann.co.uk

Table des matières

Études

Je ne sais pas. **2**

Répétez, s'il vous plaît. **3**

Je ne comprends pas. **1**

Que veut dire 'requin' en anglais? **4**

Comment dit-on 'help!' en français? **5**

C'est correct? **6**

1a **Faites correspondre la phrase et l'image.**
Match each sentence with the right picture.

1b **Identifiez l'image. (1–6)**
Identify the right picture.

Le détective

Articles

	Masc.	Fem.	Plural
the	le/l'	la/l'	les
a/some	un	une	des
my	mon	ma	mes

Pour en savoir plus ➡ page 167, pt 2

ÉCOUTER

2a Identifiez l'image. (1–7)
Identify the right picture.

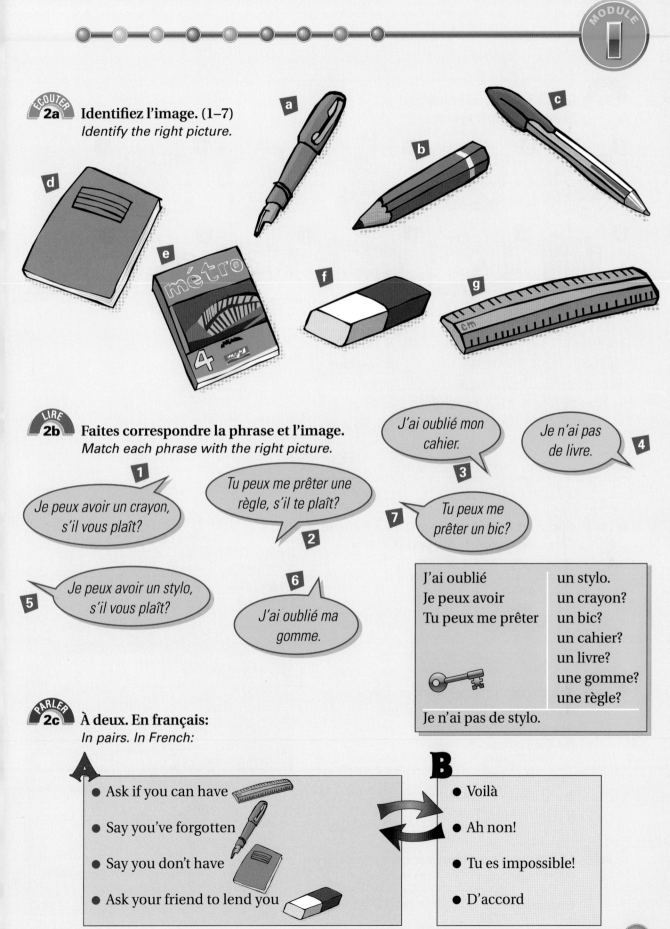

a

b

c

d

e
métro

4

f

g

cm

LIRE

2b Faites correspondre la phrase et l'image.
Match each phrase with the right picture.

J'ai oublié mon cahier.
3

Je n'ai pas de livre.
4

1
Je peux avoir un crayon, s'il vous plaît?

Tu peux me prêter une règle, s'il te plaît?
2

7
Tu peux me prêter un bic?

5
Je peux avoir un stylo, s'il vous plaît?

6
J'ai oublié ma gomme.

J'ai oublié	un stylo.
Je peux avoir	un crayon?
Tu peux me prêter	un bic?
	un cahier?
	un livre?
	une gomme?
	une règle?

Je n'ai pas de stylo.

PARLER

2c À deux. En français:
In pairs. In French:

A

● Ask if you can have

● Say you've forgotten

● Say you don't have

● Ask your friend to lend you

B

● Voilà

● Ah non!

● Tu es impossible!

● D'accord

3a LIRE
Identifiez les symboles. (a–l)
Identify the right symbol.

J'adore	l'allemand	le dessin
J'aime	l'anglais	le français
Je n'aime pas	l'histoire	le sport
Je déteste	l'informatique	les maths
	la géographie	les sciences
	la musique	
	la technologie	

3b ÉCOUTER
Copiez et complétez la grille en français. (1–8)
Copy and complete the grid in French.

	1	2	3
😊	anglais dessin		
☹️	technologie		

3c PARLER
À deux. Posez la question et donnez une réponse pour chaque symbole.
Ask the question and give an answer for each symbol.

Exemple:
- Tu aimes l'anglais?
- Oui, j'adore l'anglais.

3d ÉCRIRE
Écrivez votre opinion sur chaque matière.
Write your opinion of each subject.

Exemple: Je n'aime pas l'anglais.

Le détective

-er verbs
Most French verbs end in **-er** in the dictionary, and are called **-er** verbs. Remember, you must **change the ending** on the verb before you use it. The endings are:

j'aime	nous aim**ons**
tu aim**es**	vous aim**ez**
il/elle/on aime	ils/elles aim**ent**

Pour en savoir plus ➡
page 168, pt 3.2

*Always put **l', le, la,** or **les** in front of the school subject when talking about likes/dislikes.*

4a Notez l'heure. (1–10)
Note the time.

> 8:00 huit heures
> 8:30 huit heures et demie
> 8:15 huit heures et quart
> 7:45 huit heures moins le quart
> 8:05 huit heures cinq
> 7:55 huit heures moins cinq
> 12:00 midi/minuit

4b Faites correspondre l'heure et la phrase.
Match up the time with the right phrase.

Exemple: = **g**

a quatre heures
b neuf heures moins le quart
c midi dix
d quatre heures moins vingt-cinq
e huit heures moins cinq
f neuf heures et quart
g cinq heures vingt
h onze heures et demie

4c À deux. Notez 5 heures EN SECRET. Dites les heures à votre partenaire en français. Votre partenaire note les heures. Comparez vos résultats.
In pairs. Write down 5 times in secret. Say the times to your partner in French. Your partner notes the times you say. Compare your results.

Exemple:

A	**B**
● 9:10	● 9:10

neuf heures dix

1 Emploi du temps

Talking about your timetable

1a Copiez et complétez
pour le collège de Flore:

	lundi	mardi	mercredi	jeudi	vendredi	samedi
8h	chimie	anglais		français	français	
9h	espagnol	maths		maths	maths	
10h						EPS
10h15	*récréation*					
10h15	biologie	français		anglais	anglais	EPS
11h15	biologie	études		histoire-géo	histoire-géo	physique
12h15	*pause de midi*					
14h	maths	espagnol		physique	espagnol	
15h	français	musique		dessin	technologie	
16h	histoire-géo	chimie		dessin	technologie	

C.E.S. JULES VERNE

> 1 Mon collège s'appelle ▨▨▨.
> 2 Normalement, le collège commence à ▨▨▨ et finit à ▨▨▨.
> 3 Il y a une récréation à ▨▨▨.
> 4 La pause de midi est à ▨▨▨.
> 5 D'habitude, on a ▨▨▨ cours le matin et ▨▨▨ cours l'après-midi.
> 6 Un cours dure ▨▨▨ minutes.
> 7 On va au collège tous les jours sauf le ▨▨▨ et le ▨▨▨.
> 8 Comme matières, j'ai ▨▨▨, ▨▨▨, … .

EPS *sport*
EMT *technology*
sauf *except for*

1b Écoutez l'interview sur un autre collège en France.
Complétez les mêmes huit phrases en français.

1c Répondez à ces questions pour votre collège.

1 Comment s'appelle votre collège?
2 Le collège commence et finit à quelle heure?
3 Il y a une récréation à quelle heure?
4 La pause de midi est à quelle heure?
5 Vous avez combien de cours par jour?
6 Un cours dure combien de temps?
7 Quels jours allez-vous au collège?
8 Quelles sont vos matières?

1d À deux. Préparez cette conversation en français:

A
- Ask what time school starts
- Ask when break is
- Ask how long lessons last
- Ask how many lessons there are each day

B
- Say school starts at 8:30; 8:50; ?
- Say break is at 11:00; 11:10; ?
- 50 mins; 30 mins;?
- Say 5; 6; ?

2a (LIRE) Pourquoi préférez-vous certaines matières? Faites correspondre les raisons et les images.

1 C'est facile. 2 C'est difficile.
3 C'est ennuyeux. 4 C'est intéressant.
5 Je suis fort(e) en … . 6 Je suis faible en … .
7 Le prof est sympa. 8 Le prof est trop sévère.
9 C'est très utile. 10 J'ai trop de devoirs.

2b (ÉCOUTER) Flore parle de ses matières. Copiez la grille. Complétez en français. (1–5)

Matière	Opinion + raisons
le dessin	✔ prof est sympa,...

2c (ÉCRIRE) Écrivez ces phrases en français.

Exemple: **a** *J'aime les maths car le prof est sympa et c'est intéressant.*

a 😊 car

b 😊 car

c ☹ car

d ☹ car

e 😊 car

f ☹ car

When making notes in French, jot down key words from what you hear.

Le professeur est très sympa et c'est intéressant.

prof sympa/intéressant

Car and **parce que** both mean **because**. Give more than one reason if you can.

Le détective

Depuis

J'apprends le français **depuis** 4 ans = *I have been learning French for 4 years.*

Pour en savoir plus ➡ page 169, pt 3.2

3a (ÉCOUTER) Écrivez la langue et depuis quand ils l'apprennent. (1–5)

Exemple: 1 *anglais – 5 ans*

3b (PARLER) Vous apprenez ces matières depuis quand? Dites-le en français.

Exemple: 1 *J'apprends le français depuis 4 ans.*

1 *x 4 ans* 2 *x 3 ans* 3 *x 6 ans*

4 *x 3 ans* 5 *x 8 ans*

2 Mon collège

Describing your school

● ● ● ● ● ● ● ● ● ● ● ●

adresse   www.prevert.edu.fr

Bienvenue au Collège Jacques Prévert

 Le collège Jacques Prévert, c'est un collège <u>mixte</u> de 607 élèves et 46 professeurs. 304 élèves sont <u>demi-pensionnaires</u>.

 Le collège est sur un site de 3 hectares dont 2 hectares de terrains de sport et <u>cours de récréation</u>. Il y a 27 salles de classes, 4 <u>laboratoires</u>, <u>une bibliothèque</u> et <u>une cantine</u>.

 Clubs: atelier théâtre, club astronomie, <u>club d'échecs</u>, orchestre, club de devoirs, activités sportives (basket, volley, danse).

 Des <u>voyages scolaires</u> en Grande-Bretagne et en Irlande sont régulièrement organisés.

Dates importantes

<u>Rentrée</u> scolaire	2 septembre	
1er trimestre	2 septembre – 21 décembre	
2ème trimestre	7 janvier – 26 mars	
3ème trimestre	14 avril – 30 juin	

Règlement

1 Absence de devoirs sera puni par <u>une retenue</u>.

2 <u>Il est interdit de</u> fumer et de prendre de la drogue.

3 Il est interdit de faire des actes de violence, de vandalisme ou de graffiti.

 LIRE

1a **Copiez les 12 mots <u>soulignés</u> dans le texte. Trouvez la définition.**

(The first six definitions are in English, the rest are explained in French.)

Exemple: mixte = (9) Il y a des garçons et des filles

1 It's forbidden to ...
2 beginning of school term, after the summer
3 playground
4 detention
5 pupils who have lunch at school
6 where you play chess
7 Ici on prête des livres.
8 Des vacances avec des camarades de classe.
9 Il y a des garçons et des filles.
10 On apprend les sciences ici.
11 On mange ici.
12 On fait du théâtre ici.

 1b Flore parle de son collège. Répondez aux questions en anglais.

1 What type of school is it?
2 How many pupils are there?
   a) 720   **b)** 712   **c)** 620
3 How many teachers are there?
4 How many classrooms are there?

5 What else is there at the school?
6 What clubs are there?
7 Are there any school trips?
8 When does school start after the summer?
9 What are you forbidden to do?

 1c À deux. Lisez la conversation. Puis changez les détails pour parler de votre collège.

- C'est quelle sorte de collège?
- Il y a combien d'élèves? et de professeurs?
- Il y a combien de salles de classe?
- Qu'est qu'il y a d'autre dans le collège?

- Quels clubs est-ce qu'il y a?

- Est-ce qu'il y a des voyages scolaires?

- Quelle est la date de la rentrée scolaire?
- Qu'est-ce qu'il est interdit de faire?

- C'est un collège <u>mixte</u>.
- Il y a <u>720</u> élèves et il y a <u>42</u> professeurs.
- Il y a <u>36</u> salles de classe.
- Il y a aussi <u>une bibliothèque et une cantine</u>.
- Il y a <u>un club de judo, un club de basket et</u> il y a aussi <u>un club de foot</u>.
- Il y a un échange entre notre collège et un collège <u>en Irlande</u>.
- C'est le <u>5 septembre</u>. Quelle horreur!
- Au collège il est interdit de <u>mâcher du chewing-gum</u>.

 2a Lisez les opinions de l'uniforme scolaire. Écrivez P (*positif*) ou N (*négatif*).

1 *Il est interdit de porter du maquillage, et ça, c'est bête.*

2 *L'uniforme encourage la bonne discipline, mais coûte cher.*

3 *J'aime porter des vêtements à la mode.*

4 *C'est démodé.*

5 *Il est dangereux de porter des bijoux au collège.*

6 *C'est plus chic de porter l'uniforme.*

7 *L'uniforme scolaire, c'est pratique et confortable.*

En France,
il n'y a pas d'uniforme
scolaire. On a le droit de
porter ce qu'on veut.

 2b Pour chaque opinion, écrivez POUR ou CONTRE l'uniforme. (1–7)

 2c Qu'est-ce que vous pensez de l'uniforme? Donnez votre opinion en français.

Exemple: Je suis pour/contre l'uniforme scolaire parce que …

 3 Écrivez un paragraphe sur le règlement dans votre collège.

Il faut	porter	l'uniforme scolaire
On a le droit de/d'	avoir	des baskets
On n'a pas le droit de/d'		des piercings
		du maquillage
Il est interdit de/d'		des bijoux
		les cheveux bizarres

Le détective

Infinitives
After expressions like il faut *and* il est interdit de/d' *you need to use the* **infinitive**.
Exemple: Il est interdit d'**avoir** des piercings.
Il faut **porter** l'uniforme scolaire.

Pour en savoir plus ➡ page 168, pt 3.1

3 Après le collège ...

Talking about further education plans

Le système scolaire en France

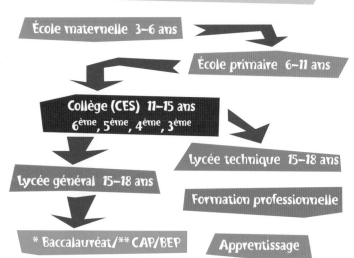

École maternelle 3–6 ans

École primaire 6–11 ans

Collège (CES) 11–15 ans
6ème, 5ème, 4ème, 3ème

Lycée technique 15–18 ans

Lycée général 15–18 ans

Formation professionnelle

* Baccalauréat/** CAP/BEP

Apprentissage

* examen général qui correspond à nos A-levels
** examens qui correspondent à nos GNVQs

Le détective

The near future

To say what is going to happen in the future, use aller + *infinitive.*

Exemple: Je vais faire un apprentissage.
Elle va aller au lycée technique.

je vais	nous allons
tu vas	vous allez
il/elle/on va	ils/elles vont

Pour en savoir plus ➡ page 170, pt 3.5

1a Qu'est-ce qu'ils vont faire après le collège? (1–5)

1b Lisez la lettre de Flore. Remplissez les blancs avec un de ces verbes.

faire	étudier	passer
être	aller	quitter
continuer		

L'année prochaine, je vais ▬▬ mes examens en juin. Puis je vais ▬▬ le collège. Après les vacances, je vais ▬▬ mes études au lycée. Je vais ▬▬ six matières. Après trois ans, je vais ▬▬ mon bac. Si possible, je vais ▬▬ à l'université parce que j'espère ▬▬ ingénieur.

1c Écrivez ces phrases en français.

1 She is going to leave school.

2 He is going to continue his studies.

3 She is going to be a teacher.

4 I am going to sit my exams next year.

5 I am going to stay at my school.

Take each sentence a bit at a time:
Exemple: 1
She is going (look at the verb aller*)* → elle va
to leave (find the infinitive) → quitter
school (find on this page) → le collège

1d Préparez 2 ou 3 phrases sur ce que vous allez faire l'année prochaine. Joignez vos phrases avec: **d'abord** (*first of all …*)/ **après** (*afterwards …*)/ **ensuite** (*then …*).

2 Lisez ces e-mails, copiez la fiche et notez les détails. Écrivez en français.

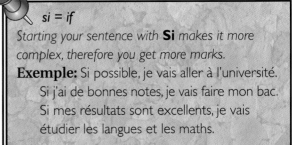

si = if
Starting your sentence with **Si** *makes it more complex, therefore you get more marks.*
Exemple: Si possible, je vais aller à l'université.
Si j'ai de bonnes notes, je vais faire mon bac.
Si mes résultats sont excellents, je vais étudier les langues et les maths.

1

Fichier   Édition   Affichage   Insertion   Format   Outils   Message

Répondre   Répondre à tous   Transférer

Salut! En réponse à votre sondage, je vous informe que je vais d'abord passer mes examens – j'espère que je vais réussir! Ensuite, je vais partir en vacances avec ma famille. On va aller dans le Midi. À la fin des vacances scolaires, je vais reprendre mes études. Je suis impatiente! J'espère que mes réponses vous aideront dans votre recherche.

alice.k@caramel.com

2

Fichier   Édition   Affichage   Insertion   Format   Outils

Répondre   Répondre à tous   Transférer

Coucou!
Voici mes priorités! Je vais passer mon bac et puis je vais gagner un peu d'argent. Je vais travailler dans un magasin en ville – une petite boutique sympa. C'est une sorte de stage. La propriétaire est anglaise et je vais essayer de perfectionner mon anglais pendant ce temps.
À la rentrée, je vais continuer mes études à la fac.

elsa.pr@aol.com

3

Fichier   Édition   Affichage   Insertion   Format   Outils

Répondre   Répondre à tous   Transférer

Salut! Voici ma réponse!
Je vais voyager autour du monde. Je veux visiter l'Afrique francophone – le Sénégal et le Cameroun – je vais ensuite tenter ma chance au Vietnam et au Laos. Après, je vais atterrir en Amérique du sud. Quelle aventure. Je vais passer six mois à voyager et puis je vais faire un apprentissage de plombier. Ils sont indispensables les plombiers!

alex.genno@worldonline.fr

Nom: ....
Adresse e-mail: ....
Intentions après ses examens: ..
....

When you are filling in forms in French, think carefully about the grammatical form you should be using. Here, for example, you can lift the infinitives from the text.
Exemple: partir en vacances

MODULE

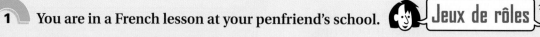

1 You are in a French lesson at your penfriend's school. Jeux de rôles

A

- Qu'est-ce que tu veux?
- Une minute. Voilà

- De rien. Tu aimes le français?
- Moi aussi

B

- Ask for ONE of these items
- Say thank you
- Give your opinion

2 You are on your way to school with your French penfriend.

A

- Ton collège commence à quelle heure?
- Les cours durent combien de temps?
- Quelle est ta matière préférée, et pourquoi?
- Moi, je suis faible en anglais
- Moi aussi

B

- Say what time your school starts
- Say how long a lesson lasts
- Answer the question!

- Say that you are good at art and maths

3 Talk for 1 minute about your school. Make a cue card to help you remember what to say and include as many symbols as you want.

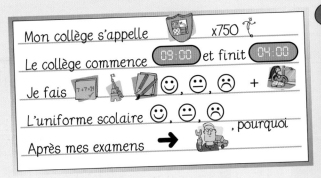

Mon collège s'appelle ▦ x750
Le collège commence 09:00 et finit 04:00
Je fais ...
L'uniforme scolaire ☺, ☹, ☺
Après mes examens → , pourquoi

> *In the GCSE exam, you will have to talk for a short while about a subject of your own choice. Throughout the book, we will practise this skill, as confidence is the key. You are allowed notes and/or pictures to help you.*

Your examiner may ask …

Il y a combien de cours par jour?

Quelle matière est-ce que tu n'aimes pas? Pourquoi?

Tu aimes le français? Pourquoi (pas)?

Fais-moi la description de ton collège.

Qu'est ce que tu penses de ton collège?

> *The Q box suggests questions that your examiner may ask you in the General Conversation part of your speaking exam.*

1 Read this letter about school subjects and then write a reply, using the letter as a model.

> In any piece of written work, whether coursework or practice for the exam, you should follow 2 key pieces of advice:
> 1 Use what you have learned in class.
> 2 Show off what you know.

Salut!

Mon collège s'appelle 'Collège Hélène de Fonseque'. Au collège, je fais <u>six</u> matières: <u>le français, les maths, la musique, le sport, l'informatique et le dessin</u>. Ma matière préférée, c'est <u>le dessin</u> parce que j'adore le professeur. J'aime aussi <u>le français</u> car <u>c'est facile</u>, et <u>le sport</u> car j'adore le volley. Je n'aime pas <u>la musique</u> car <u>c'est difficile</u>. À mon avis <u>l'informatique</u>, c'est ennuyeux. Je suis fort <u>en dessin</u> mais je suis faible <u>en musique</u>.

Et toi? Comment s'appelle ton collège? Quelles matières est-ce que tu fais? Qu'est-ce que tu aimes et qu'est-ce que tu n'aimes pas? Qu'est-ce que tu vas faire après le collège?

Loïc

2 Write an article in French about your school.

Introduction
Give a description of the school: size: starting and finishing times: number of lessons per day: length of lessons; etc.

Paragraph 1
You might then go on to say what facilities you have and what subjects are studied.

Paragraph 2
Describe the school uniform.
Give your opinion.

Paragraph 3
You might describe a school trip you have been on. Use the past tense for some key verbs.

Conclusion
Say what your plans are when you leave school.
You can use **je vais** + infinitive.

on a	'one' has or 'we' have

On porte …	We wear …
Il est interdit de … + infinitive	It's forbidden to …
C'est pratique/ démodé	It's practical/ old-fashioned

on est allé à	we went to
on a fait	we did
on a vu	we saw
on a visité	we visited
c'était	it was

à l'avenir	in the future
Je vais (faire)	I'm going (to do)

Mots

En classe — In class

Je ne comprends pas.	*I don't understand.*
Je ne sais pas.	*I don't know.*
C'est correct?	*Is that right?*
Comment dit-on 'help' en français?	*How do you say 'help' in French?*
Que veut dire 'requin' en anglais?	*What does 'requin' mean in English?*
Répétez, s'il vous plaît.	*Repeat that, please.*
J'ai oublié (mon bic).	*I have forgotten (my biro).*
Tu peux me prêter (un stylo)?	*Can you lend me (a pen)?*
Je n'ai pas de (crayon).	*I haven't got (a pencil).*
Je peux avoir (une règle)?	*Can I have (a ruler)?*
un bic	*a biro*
un cahier	*an exercise book*
un crayon	*a pencil*
une gomme	*a rubber*
un livre	*a book*
une règle	*a ruler*
un stylo	*a pen*
les devoirs	*homework*

Les matières — School subjects

J'adore …	*I love …*
J'aime …	*I like …*
Je n'aime pas …	*I don't like …*
Je déteste …	*I hate …*
l'allemand *(m)*	*German*
l'anglais *(m)*	*English*
le dessin	*Art*
le français	*French*
la géographie	*Geography*
l'histoire *(f)*	*History*
l'informatique *(f)*	*ICT*
les maths *(mpl)*	*Maths*
la musique	*Music*
les sciences *(fpl)*	*Science*
le sport	*Sport*
la technologie	*Technology*
Tu aimes (l'anglais)?	*Do you like (English)?*
Oui, j'adore (l'anglais).	*Yes, I love (English).*

L'heure — Time

Il est …	*It is …*
huit heures	*8 o'clock*
huit heures et demie	*half past eight*
huit heures et quart	*quarter past eight*
huit heures moins le quart	*quarter to eight*
huit heures cinq	*five past eight*
huit heures moins cinq	*five to eight*
midi/minuit	*midday/midnight*
Mon collège s'appelle …	*My school is called …*
Le collège commence à … … et finit à …	*School starts at … … and finishes at …*
Il y a une récréation à …	*There is a break at …*
La pause de midi est à …	*The lunch break is at …*
On a (cinq) cours le matin et (quatre) cours l'après-midi.	*We have (five) lessons in the morning and (four) in the afternoon.*
Un cours dure (40) minutes.	*A lesson lasts (40) minutes.*
On va au collège tous les jours sauf (le mercredi).	*We go to school every day except (Wednesday).*
Comme matières, j'ai …	*My subjects are …*

Les opinions — Opinions

C'est …	*It is …*
facile	*easy*
intéressant	*interesting*
très utile	*very useful*
difficile	*difficult*
ennuyeux	*boring*
Je suis fort(e) en …	*I am good at …*
Je suis faible en …	*I am not good at …*
le prof est …	*The teacher is …*
sympa	*nice*
sévère	*strict*
J'apprends (le français) depuis quatre ans.	*I have been learning (French) for four years.*
parce que/car	*because*

Au collège	*In school*	**L'uniforme scolaire**	*School uniform*
C'est un collège mixte.	*It is a mixed school.*	Il est interdit de porter …	*It is forbidden to wear …*
le collège/CES	*Secondary school (ages 10–14)*	du maquillage	*make-up*
		des bijoux	*jewellery*
le lycée	*6th form college*	On n'a pas le droit de (mâcher du chewing-gum).	*We are not allowed to (chew chewing-gum).*
le lycée technique	*vocational college*		
Il y a …	*There is/are …*	Il faut porter l'uniforme scolaire.	*You must wear school uniform.*
une bibliothèque	*a library*		
une cantine	*a canteen*	C'est démodé.	*It is old-fashioned.*
des laboratoires	*laboratories*	C'est plus chic.	*It is trendier.*
des courts de tennis	*tennis courts*	C'est pratique et confortable.	*It is practical and comfortable.*
Il y a des voyages scolaires.	*There are school trips.*	C'est facultatif.	*It is optional.*
Il y a un échange entre notre collège et un collège en Allemagne.	*There is an exchange between our school and a school in Germany.*	L'uniforme encourage la bonne discipline.	*Uniforms encourage good discipline.*
		C'est bête.	*It is stupid.*
		Ça coûte cher.	*It is expensive.*
Il y a des clubs.	*There are school clubs.*	J'aime porter des vêtements à la mode.	*I like wearing fashionable clothes.*
le club de basket	*basketball club*		
le club de judo	*judo club*	les baskets *(fpl)*	*trainers*
le club de foot	*football club*	les piercings *(mpl)*	*body piercing*
Il y a combien d'élèves/de professeurs?	*How many pupils/ teachers are there?*	**Projets d'avenir**	*Future plans*
Quelle est la date de la rentrée scolaire?	*When do you return to school after the summer holidays?*	D'abord …	*First of all …*
		après …	*afterwards …*
		ensuite …	*then …*
		l'année prochaine …	*next year …*
un échange	*an exchange*	Je vais gagner un peu d'argent.	*I will earn some money.*
l'élève	*pupil*		
le professeur	*teacher*	Je vais voyager autour du monde.	*I will travel round the world.*
la salle de classe	*classroom*		
le système scolaire	*education system*	Je vais passer mes examens.	*I will take my exams.*
		Je vais quitter le collège.	*I will leave school.*
		Je vais faire un apprentissage.	*I will do an apprenticeship.*
		Je vais continuer mes études (au lycée/à la faculté).	*I will continue my studies (at college/at university).*
		Je vais passer mon bac.	*I will take my 'A' levels.*
		Je vais aller à l'université.	*I will go to university.*
		J'espère être (médicin).	*I would like to be a (doctor).*

Chez moi

 1a Faites correspondre l'image et le titre.
Match the picture with the right label.

a	C'est le bébé	**b**	C'est la mère
c	C'est le frère	**d**	C'est le père
e	C'est la sœur	**f**	C'est le chien
g	C'est le chat		

Le détective

Articles			
	Masc.	**Fem.**	**Plural**
my	mon	ma	mes
your(tu)	ton	ta	tes
his/her	son	sa	ses

Pour en savoir plus ➡ **page 176, pt 6.7**

ma famille
mon père
mon grand-père
ma mère
ma grand-mère
mon frère
ma sœur

Tu as des frères et des sœurs?
Tu as un animal?
J'ai …
Je n'ai pas de …

 1b Copiez et complétez la grille. (1–8)
Copy and complete the grid.

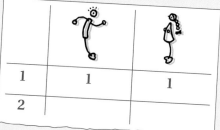

1	1	1
2		

 1c Lisez la lettre. Copiez et complétez la fiche.
Read the letter. Copy and complete the form.

Je m'appelle Adrien Beregi. Dans ma famille, il y a sept personnes. J'ai deux sœurs, qui s'appellent Juliette et Elsa. Mon frère s'appelle Manu. Mon père s'appelle Michel, et ma mère s'appelle Édith. Ma grand-mère habite chez nous aussi, et elle s'appelle Marthe. Je n'ai pas d'animal.

Nom: ....
Prénom: ....
Parents: ....
Grand(s)-parent(s): ....
....
Frère(s): ....
Sœur(s): ....
Animaux: ....
....

2a
Mettez les images dans le bon ordre. (1–10)
Put the pictures in the right order.

un chat
un chien
un cheval
un lapin
un oiseau
un poisson
une souris

2b
Écrivez une phrase en français pour chaque image.
Write a sentence in French for each picture.

Exemple: **a** *J'ai un chien.*

2c
Lisez les annonces. Copiez et complétez la grille en anglais. (1–6)
Read the adverts. Copy and complete the grid in English.

Le détective

Plurals

*Add **-s** to most words for more than one, just like in English:*

> un poisson → deux poissons
> un lapin → quatre lapins

Some words are different:

> un cheval → deux chevaux
> un oiseau → cinq oiseaux

Pour en savoir plus ➡ **page 166, pt 1.2**

	Pet(s)	Description
1	cat	black and white
2		

1 *Au secours!*
J'ai perdu mon chat, il est noir et blanc.

2 *Perdu! Oiseau bleu et vert.*

3 *Perdu. Grand chien brun, neuf ans, s'appelle Hercule.*

4 J'ai perdu mon lapin. Il est gris et blanc.

5 **Perdu.** Cinq petites souris blanches.

6 **Perdu. Oiseau jaune, s'appelle Lulu.**

2d
À deux. En français:
In pairs. In French:

A
- Comment t'appelles-tu?
- Il y a combien de personnes dans ta famille?
- Tu as des frères et sœurs?
- Tu as un animal?

B
- Say Rachel; Thomas; ?
- Say 2; 4; ?
- Say ; ?
- Say ; ?

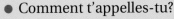

3a Faites correspondre les dates.
Match up the dates.

janvier	février	mars	avril	mai
juin	juillet	août	septembre	
octobre	novembre	décembre		

Exemple: le quatre mars – 4/3

le quatre mars

le dix-neuf janvier

le trente avril   le deux octobre

le premier août   le vingt-sept décembre

le vingt et un juin   le cinq mai

le trois septembre   le douze février

le treize novembre   le quinze juillet

19/4   4/6   19/1   27/12
21/6   2/10
13/11
5/7   30/4   23/1
4/3   15/11   3/9
14/2   5/5
15/7
17/8   1/8   3/11
12/2

3b Écrivez les 8 autres dates en français.
Write out the 8 remaining dates in French.

3c Notez la date de leur anniversaire. (1–8)
Write down the date of their birthdays.

Exemple: **1.** le 5 janvier

3d À deux. Notez 8 dates EN SECRET. Dites les dates à votre partenaire en français. Votre partenaire note les dates. Comparez vos résultats.
In pairs. Write down 8 dates in secret. Say the dates to your partner in French. Your partner notes the dates you say. Compare your results.

Exemple:

A
5/11

B
5/11

le cinq novembre

Comment ça se dit?

A	AH	H	ASH	O	OH	V	VAY
B	BAY	I	EE	P	PAY	W	DOOBLEH VAY
C	SAY	J	ZHEE	Q	COO	X	EEKS
D	DAY	K	KAH	R	ERR	Y	EE GREC
E	EUH	L	ELL	S	ESS	Z	ZED
F	EFF	M	EMM	T	TAY		
G	ZHAY	N	ENN	U	OO		

4a Écoutez et répétez.
Listen and repeat.

 4b Notez le nom des équipes de football françaises. (1–10)
Write down the names of the French football teams.

Lyon – Rennes
PSG – Marseille
Bordeaux – Nantes
Lens – Montpellier
St Étienne – Nancy
Monaco – Le Havre
Strasbourg – Metz
Auxerre – Bastia
Sedan – Troyes

 4c À deux. À tour de rôle, épelez le nom d'une équipe française. C'est quelle équipe?
In pairs. Take turns to spell out one of the French football teams. Which team is it?

 5a Notez le nom des joueurs de foot français. (1–8)
Write down the names of the French players.

 5b À deux. Répétez cette conversation. Remplacez les mots en caractères gras.
In pairs. Repeat this conversation, replacing the words in bold.

> Comment t'appelles-tu? **1**

> Je m'appelle **Laura SMITH**. **2**

> Comment ça s'écrit? **3**

> L... A... U... R... A... S... M... I... T... H. **4**

> Où habites-tu? **5**

> J'habite **IPSWICH**. **6**

> Comment ça s'écrit? **7**

> I... P... S... W... I... C... H. **8**

1 *Je vous présente ma famille*

Talking about your family
Talking about what people look like

 1a Copiez et complétez.

1 Vincent a … ans.
2 Il a les yeux … et les cheveux …
3 Sa mère s'appelle …
4 Elle a les cheveux … et …
5 Le père de Vincent habite en …
6 Christian est le … de Vincent.
7 Christian est … et …
8 La demi-sœur de Vincent s'appelle …
9 Elle ressemble à …
10 Le bébé s'appelle … , comme le … de Vincent.

Salut!

Je m'appelle Vincent Goubin, et j'ai 14 ans. Je suis assez grand pour mon âge - je mesure 1m67! J'ai les yeux bleus et les cheveux bruns, et je suis très mince.

Voici ma mère. Elle s'appelle Sylvie. Elle est assez petite mais mince comme moi. Elle a 39 ans. Elle a les cheveux blonds et courts et les yeux bleus. Elle porte des lunettes. Mes parents sont divorcés depuis 5 ans, et mon père habite en Belgique.

Voici mon beau-père, Christian. Il est assez petit (il mesure 1m55) et un peu gros (il pèse 87 kilos!). Il a les cheveux courts et bouclés, et les yeux verts. Il a une barbe.

Ma demi-sœur s'appelle Magali, et elle a 20 ans. Elle est grande et mince. Elle a les cheveux longs et noirs et les yeux verts, comme son père. Elle est l'aînée.

Pierre est né au mois de janvier. C'est le cadet de la famille. On a choisi ce prénom parce que c'est aussi le prénom de mon grand-père. Il est super-mignon … mais parfois il hurle!

Je m'appelle …	et	j'ai … ans				
Il/elle s'appelle …		il/elle a … ans				
J'ai	les cheveux	courts	et	blancs	et	les yeux	bleus
Tu as		longs		gris			verts
Il/elle a				bruns			marron
				noirs		une barbe	
				blonds			
				roux			
Je porte	des lunettes						
Tu portes							
Il/elle porte							
Je suis	petit(e)						
Tu es	grand(e)						
Il/elle est	mince						
	gros(se)						

1b Copiez et complétez la grille en français. (1–4)

Prénom	Qui?	Âge	Anniversaire	Cheveux	Yeux	Taille	Autres détails
1							

1c À deux. Choisissez une personne dans la classe. Décrivez la personne à votre partenaire. C'est qui?

2a C'est quel membre de la famille? Choisissez la bonne réponse.

1 C'est la sœur de votre mère.   votre oncle/tante/nièce

2 C'est la fille de votre papa et de votre maman.   votre sœur/frère/cousin

3 C'est le fils de votre belle-mère.   votre demi-sœur/demi-frère/beau-père

4 C'est le mari de votre tante.   votre oncle/neveu/demi-frère

5 C'est le fils de votre oncle.   votre cousin/cousine/papa

6 C'est la femme de votre grand-père.   votre tante/mère/grand-mère

2b À deux. En français:

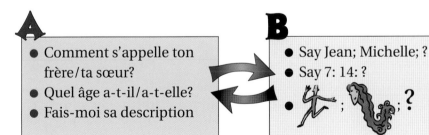

A
- Comment s'appelle ton frère/ta sœur?
- Quel âge a-t-il/a-t-elle?
- Fais-moi sa description

B
- Say Jean; Michelle; ?
- Say 7: 14: ?
- ; ; ?

Whenever you are describing somebody, think:
***facts** then **physical**:
hair and **eyes**
height and **size***
Exemple:
***facts:** mon grand-père s'appelle … . Il a … ans et il habite à …*
***physical:** il a les cheveux gris et courts et les yeux bleus. Il porte des lunettes, et il est petit et gros.*

2c Choisissez deux membres de votre famille. Pour chaque personne, écrivez une description en français.

2 Comment êtes-vous?

Describing personality

● ● ● ● ● ● ● ● ● ● ●

1a Nicolas décrit la personnalité des membres de sa famille. Notez les adjectifs en français. (1–5)

aimable
bête
casse-pieds
calme
drôle
équilibré
gentil

idiot
impatient
poli
plein de vie
sympathique
timide
intelligent

travailleur
cool
sage
méchant
paresseux
sévère
bavard
amusant

1b Faites deux listes: adjectifs positifs/ adjectifs négatifs. Catégorisez les adjectifs.

Le détective

Adjective agreement

You need to add endings onto adjectives in French, depending on the gender of who or what you are describing:

   Il est amusant
   Elle est amusante
   Ils sont amusants
   Elles sont amusantes

Common irregular adjectives:
Il est paresseux/Elle est paresseuse
Il est travailleur/Elle est travailleuse
Il est gentil/Elle est gentille

Adjectives already ending in -e in the masculine form don't add another -e in the feminine form:
Il est timide/Elle est timide
Some adjectives never change: cool; casse-pieds

Pour en savoir plus ➡ page 174, pt 6.1

2a Écrivez des phrases correctes.

Exemple: 1 Elle est amusante.

1   + amusant   5   + gentil

2   + timide   6   + sévère

3   + bavard   7   + cool

4   + poli   8   + travailleur

Make your comments more interesting by using:
un peu *(a little bit)*
assez *(quite)*
très *(very)*
vraiment/ extrêmement *(really)*

2b En groupe.
Monsieur Manet est … ?

Exemple:
● *Monsieur Manet est bête.*
● *Monsieur Manet est bête et travailleur.*

Continuez.

2c Complétez ces phrases. Utilisez des adjectifs.

1 Je suis …
2 Mon meilleur(e) ami(e) est …
3 Mon petit ami/ma petite amie idéal(e) est …
4 Mon professeur préféré est …
5 Mon professeur de français est …

3a Ces phrases sont fausses. Changez les mots soulignés pour corriger les phrases.

1 Élise s'entend bien avec son <u>frère</u>.
2 Son père a un bon sens <u>artistique</u>.
3 C'est la <u>tante</u> d'Élise qui est casse-pieds.
4 Élise ne peut pas sortir pendant <u>le week-end</u>.
5 La mère d'Élise <u>adore</u> son petit ami.
6 Élise est trop <u>âgée</u> pour l'amour.
7 Elle voudrait habiter chez son <u>cousin</u>.

Chère Monique

Je t'écris parce que j'ai un problème avec ma famille. En général, je m'entends bien avec mon père, qui a le sens de l'humour. C'est ma mère qui m'énerve. Elle me critique tout le temps, elle refuse de me donner la permission de sortir avec mes copains pendant la semaine, et elle n'aime pas mon petit ami. Pour moi, c'est l'amour, mais elle dit que je suis trop jeune pour ça.

J'ai 15 ans et j'en ai marre de ces disputes. Je voudrais quitter la maison et aller habiter chez mon petit copain. Qu'est-ce que tu en penses?

Élise

je m'entends bien avec	*I get on well with*
ma mère m'énerve	*my mother annoys me*
j'en ai marre de	*I'm fed up with*

3b Choisissez 3 phrases pour répondre à la lettre d'Élise. Écrivez votre réponse.

Chère Élise, …

Tu dois parler avec ta mère.

Prépare un sac et vas chez ton petit copain immédiatement.

Reste à la maison avec tes parents.

Dis à ta mère que tu fais tes devoirs, puis sors avec tes amis en secret.

Tu es trop jeune pour avoir des rapports avec un garçon.

Invite ton petit ami à la maison, et tu peux le présenter à ta mère.

Demande à ta mère de te traiter comme une adolescente et pas comme un enfant.

| des rapports | *a relationship* |
| traiter | *to treat* |

3c Décidez si la personne est heureuse ☺ ou malheureuse ☹, et, si possible, pourquoi. (1–5)

3d Écrivez la lettre de Mark en français. Adaptez la lettre d'Élise.

Work out which bits of the French sentences in Élise's letter you can leave the same, and exactly which bits you need to change.

Dear Arthur,

I'm writing to you because I've got a problem with my brother. In general, I get on well with my sister, who has a sense of humour. But my brother gets on my nerves. He criticises me all the time, he refuses to allow me to do my homework, and he doesn't like my friends. For me, school is important, but he says he's too cool for that. I'm 14, and I'm fed up with these arguments. I want to leave home and go to live with my grandparents. What do you think?

Mark

3 Aider à la maison

Talking about helping at home

●●●●●●●●●●●●●●●●●

EST-CE QUE TU AIDES À LA MAISON?

Un sondage récent révèle que les jeunes français aident à la maison assez regulièrement.

Nous avons posé des questions à un groupe de 200 jeunes, filles et garçons, et voici les résultats.

Êtes-vous comme eux? Qu'est-ce que vous faites pour aider à la maison? Écrivez-nous pour nous dire!

		tous les jours	souvent	parfois	jamais
	faire le lit	66%	22%	4%	8%
	passer l'aspirateur	0%	5%	23%	72%
	mettre/débarrasser la table	11%	43%	19%	27%
	faire les courses	0%	14%	10%	76%
	faire la cuisine	10%	23%	26%	41%
	faire le ménage	0%	7%	17%	76%
	faire la vaisselle	30%	26%	38%	6%
	sortir la poubelle	0%	8%	12%	80%
	ranger la chambre	12%	12%	50%	26%
	faire du jardinage	0%	9%	32%	59%
	laver la voiture	0%	43%	26%	31%

 1a Complétez les phrases selon les résultats.

a ___ % font la cuisine tous les jours.
b ___ % passent souvent l'aspirateur.
c ___ % font parfois la vaisselle.
d ___ % ne font jamais de jardinage.
e ___ % ne font jamais le ménage.
f ___ % sortent la poubelle tous les jours.
g ___ % font parfois les courses.
h ___ % rangent souvent leur chambre.

Le détective

faire = *to do or to make*

je fais	nous faisons
tu fais	vous faites
il/elle/on fait	ils/elles font

Pour en savoir plus ➡ page 179

 1b Lisez le sondage et trouvez le bon résumé.

a La tâche ménagère la plus populaire est faire la vaisselle. Tous les jours, il y en a qui font leur lit ou mettent ou débarrassent la table. Les tâches les moins populaires, ce sont sortir la poubelle, mettre ou débarrasser la table, faire du jardinage, et faire le ménage.

b La tâche ménagère la plus populaire est faire son lit. Tous les jours, il y en a qui rangent leur chambre ou sortent la poubelle. Les tâches les moins populaires, ce sont passer l'aspirateur, faire du jardinage, faire les courses et faire le ménage.

c La tâche ménagère la plus populaire est faire son lit. Tous les jours, il y en a qui rangent leur chambre ou font la vaisselle. Les tâches les moins populaires, ce sont sortir la poubelle, faire le ménage, et passer l'aspirateur.

la tâche ménagère la plus populaire	*the most popular job*
il y en a qui	*there are some people who*
les tâches les moins populaires	*the least popular jobs*

2a Écoutez le reportage sur une jeune fille au pair.
Choisissez les bonnes images pour compléter ces phrases.

1 Julie s'occupe d'un …
2 Le lundi, elle …
3 Le mardi, elle …
4 Le jeudi, elle …

5 Tous les jours, Julie …
6 Le week-end, elle …
7 Julie trouve son travail très …

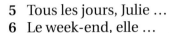

2b Répondez aux questions en francais.

1 Est-ce que tu fais la cuisine?
   Exemple: Oui, je fais la cuisine tous les jours. / Non, je ne fais pas la cuisine.
2 Est-ce que tu fais la vaisselle?
3 Est-ce que tu fais les courses?
4 Est-ce que tu fais ton lit?
5 Est-ce que tu fais le ménage?
6 Est-ce que tu travailles dans le jardin?
7 Est-ce que tu laves la voiture?
8 Est-ce que tu sors la poubelle?

Le détective

Negatives

ne … pas *means* **not**.

Exemple: Tu fais le ménage?

Non, je **ne** fais **pas** le ménage.

   ne … jamais = *never*
   ne … rien = *nothing*

Exemple: Tu fais la cuisine?

Non, je **ne** fais **jamais** la cuisine.

Tu aides à la maison? Non, je **ne** fais **rien**.

Pour en savoir plus ➡ page 173, pt 5.1

2c Faites un sondage dans votre classe sur le travail à la maison.

2d Écrivez une lettre au magazine pour expliquer qui aide à la maison chez vous. Commencez comme ceci:

Je vous écris pour expliquer qui aide à la maison chez moi. Mon père …

Je range/lave/passe/débarrasse	souvent	mon lit	la vaisselle
Je fais/sors/mets	parfois	l'aspirateur	la poubelle
Mon père range/lave/passe		la table	la chambre
Mon père fait/sort/met		les courses	du jardinage
Mes parents rangent/lavent/passent		la cuisine	la voiture
Mes parents font/sortent/mettent		le ménage	
	pas		
Je **ne** fais/range etc	jamais		

*If you want to say every day this goes at the end of the sentence
e.g.* Je fais mon lit tous les jours.

1 You are phoning your French penfriend to talk about your new boyfriend or girlfriend.

A

- Donne-moi les détails!
- Ah, et ses yeux sont de quelle couleur?
- Et ses cheveux?
- Ah, super! Quel âge a-t-il/a-t-elle?
- Chouette!

B

- Give your boy/girlfriend's name
- Say what colour his/her eyes are
- Say what colour his/her hair is
- Say how old he/she is

2 You are talking with your French penfriend about helping at home.

A

- Ouf, je suis fatigué(e) ce soir
- Oui, je lave la voiture quelquefois. Et toi?
- C'est bien. Tu fais autre chose?
- Bravo! Tu aimes faire la cuisine?
- Moi, oui

B

- Ask your penfriend if he/she helps at home
- Say that you do one of these jobs: washing up; laying the table; working in the garden
- Say you make your bed every day
- !

> *When you see* ! *, it means that you must make up an answer to the question.*

3 Bring in a photo of someone you look up to and talk about them for 1 minute. Make a cue card to help you remember what to say.

Facts
Il/elle s'appelle …
Il/elle a … ans
Il/elle habite …
Il/elle est marié(e)/célibataire/divorcé(e)/séparé(e)
Il/elle a … sœurs/frères
Physical description
Il/elle a les cheveux, et les yeux …
Personality
Il/elle est un peu/très/extrêmement …
Likes and dislikes
Il/elle aime … Il/elle n'aime pas …
Why you admire him/her
Je l'admire parce que …

Your examiner may ask …

Fais-moi la description de ton frère/ta sœur/ton meilleur ami(e), etc.

Décris-moi la personnalité de ta mère/ton père/ton ami(e), etc.

Et toi? Comment es-tu?

Tu aimes aider à la maison? Pourquoi (pas)?

Qui fait le ménage chez toi?

Est-ce que tu vas aider à la maison ce week-end?

1 You are looking for a penfriend. Copy the form out carefully, then fill in your own information. Write full sentences about your personality, family, school likes and dislikes, and your ideal penfriend.

Nom:.................................

Prénom(s):.................................

Adresse:.................................

....

Nationalité:.................................

Âge:.................................

Anniversaire:.................................

Cheveux: J'ai

Yeux: J'ai

Taille: Je suis

Personnalité: Je suis

Famille: Il y a ___ personnes dans ma famille. J'ai ___ frère(s) et ___ sœur(s). Mon frère/Ma sœur s'appelle

Animaux: J'ai ___ /Je n'ai pas de ___

Préférences au collège: J'aime (les maths)

Description de ton/ta correspondant(e) idéal(e): ___ Il/Elle est amusant(e).

2 Write a description of a friend.

Introduction
Give some facts about your friend, e.g. name, age, birthday, where he/she lives, family details, pets, etc.

Paragraph 1
Describe your friend's hair, eyes, height and size. Remember to make your adjectives agree when describing a girl, or for plurals. (see page 24)

Paragraph 2
Describe your friend's personality and say why you get on well with him/her.

Paragraph 3
Describe an outing you went on together, and what it was like. You should use the perfect tense.

Conclusion
Say what your friend's plans for the future are. You should use aller + the infinitive.

Il/elle a/habite/est …
Son frère s'appelle …
Sa sœur
Son anniversaire est …

	Masc. noun	Fem. noun	Plural noun
his/her	son	sa	ses

Je m'entends bien … *I get on well …*
avec lui *with him*
avec elle *with her*

on est allé *we went*
on a visité *we visited*
c'était … *it was …*

il va voyager *he is going to travel*
elle va quitter le collège *she is going to leave school*

Mots

Chez moi — At home

ma famille	*my family*
mes parents *(mpl)*	*my parents*
mon père	*my father*
ma mère	*my mother*
ma sœur	*my sister*
ma demi-sœur	*my stepsister*
mon frère	*my brother*
mon demi-frère	*my stepbrother*
mon grand-père	*my grandfather*
ma grand-mère	*my grandmother*
ma tante	*my aunt*
mon oncle	*my uncle*
mon cousin	*my cousin (male)*
ma cousine	*my cousin (female)*
Tu as des frères et sœurs?	*Do you have brothers and sisters?*
Il y a combien de personnes dans ta famille?	*How many people are there in your family?*

Les animaux — Pets

Tu as un animal?	*Do you have any pets?*
J'ai …	*I have …*
un chat	*a cat*
un chien	*a dog*
un cheval	*a horse*
un lapin	*a rabbit*
un oiseau	*a bird*
un poisson	*a fish*
une souris	*a mouse*

Les mois de l'année — Months of the year

janvier	*January*
février	*February*
mars	*March*
avril	*April*
mai	*May*
juin	*June*
juillet	*July*
août	*August*
septembre	*September*
octobre	*October*
novembre	*November*
décembre	*December*

Les descriptions — Descriptions

J'ai les cheveux …	*I have … hair*
Il/Elle a les cheveux …	*He/She has … hair*
courts/longs	*short/long*
blancs/gris/bruns	*white/grey/brown*
noirs/blonds/roux	*black/blonde/red*
J'ai les yeux …	*I have … eyes.*
Il/Elle a les yeux …	*He/She has … eyes*
bleus/verts/marron	*blue/green/brown*
Il a une barbe.	*He has a beard.*
Je porte des lunettes.	*I wear glasses.*
Je suis petit(e)/grand(e).	*I am small/tall.*
Il/Elle est mince/gros(se).	*He/She is thin/fat.*

La personnalité — *Personality*

Il/Elle est …	*He/She is …*
aimable	*friendly*
amusant(e)	*funny*
bavard(e)	*chatty*
bête	*stupid*
calme	*quiet*
casse-pieds	*annoying*
content(e)	*happy*
drôle	*funny*
equilibré(e)	*balanced*
gentil(le)	*kind*
heureux(euse)	*happy*
idiot(e)	*daft*
impatient(e)	*impatient*
intelligent(e)	*clever*
malheureux(euse)	*unhappy*
méchant(e)	*naughty*
paresseux(euse)	*lazy*
plein(e) de vie	*full of life*
poli(e)	*polite*
sage	*wise*
sympathique	*friendly*
timide	*shy*
travailleur(euse)	*hardworking*
triste	*sad*

Les rapports — *Relationships*

On a beaucoup de choses en commun.	*We have a lot in common.*
On sort ensemble.	*We go out together.*
Il/Elle me fait rire.	*He/She makes me laugh.*
Il/Elle fait les mêmes choses que moi.	*He/She does the same things as me.*
Il/Elle m'écoute quand j'ai des problèmes.	*He/She listens to me when I have problems.*
Je m'entends bien avec lui/elle.	*I get on well with him/her.*
Je peux compter sur lui/elle.	*I can depend on him/her.*
Il/Elle est toujours là pour moi.	*He/She is always there for me.*
Je voudrais me marier.	*I would like to get married.*
Je voudrais avoir une bonne carrière.	*I would like to have a good career.*
J'aimerais avoir des enfants.	*I would like to have children*

la liberté	*freedom*
le mariage	*marriage*
le sens de l'humour	*sense of humour*
une dispute	*an argument*
un(e) petit(e) ami(e)	*a boyfriend/girlfriend*
divorcé(e)	*divorced*
séparé(e)	*separated*
J'en ai marre de …	*I'm fed up with …*

Aider à la maison — *Helping at home*

Je fais les courses.	*I do the shopping.*
Je fais la cuisine.	*I do the cooking.*
Je fais du jardinage.	*I do the gardening.*
Je fais le lit.	*I make the bed.*
Je fais le ménage.	*I do the housework.*
Je fais la vaisselle.	*I do the washing-up.*
Je lave la voiture.	*I clean the car.*
Je mets/débarrasse la table.	*I lay/clear the table.*
Je passe l'aspirateur.	*I hoover.*
Je range la chambre.	*I tidy the room.*
Je sors la poubelle.	*I empty the bins.*
Il/Elle fait (les courses).	*He/She does (the shopping).*
Mes parents font (la vaisselle).	*My parents do (the washing-up).*
souvent	*often*
parfois	*sometimes*
tous les jours	*every day*
ne … jamais	*never*

MODULE

Temps libre

Quels sont tes passe-temps?

Je vais au cinéma
Je lis
Je nage
Je joue avec l'ordinateur
Je vais à la pêche
J'écoute de la musique
Je regarde la télé
Je fais du sport
Je fais du vélo

1a **Faites correspondre l'activité et l'image.**
Match the activity with the right picture.

Exemple: *Je vais au cinéma =*

1b **Notez la bonne lettre pour chaque activité. (1–8)**
Write down the right letter for each activity.

1c À deux. Écrivez lundi–vendredi en français. EN SECRET notez une activité par jour.

In pairs, write down the days of the week (lundi–vendredi) in French. In secret, write down one activity per day.

> lundi – je vais à la pêche.

Trouvez les 5 activités de votre partenaire.
Ask questions to find your partner's 5 activities.

Exemple: ● *Lundi, tu regardes la télé?*
● *Non.*

*When you are asking the question, all you do is change **Je** to **Tu** and lift the pitch of your voice at the end of the sentence. Remember to use the correct verb ending with **Tu**.*
Exemple: Je vais à la pêche *becomes* Tu vas à la pêche?

2 **Remplissez les blancs. Les blancs indiquent le nombre de lettres dans chaque mot.**
Fill in the blanks. The number of letters in the missing words is shown.

Normalement, le week-end je ▨▨▨▨▨▨▨ la télé et j'▨▨▨▨▨▨ de la musique. Le samedi matin, je fais ▨▨ sport. Je ▨▨▨▨ au basket et je joue ▨▨ foot. Quelquefois je fais du ▨▨▨▨ avec mes copains ou je ▨▨▨▨ au volley. Le dimanche, je fais de la ▨▨▨▨▨▨▨▨ à la piscine, et je ▨▨▨ des magazines. Souvent je ▨▨▨▨▨ au cinéma ou je joue avec l'▨▨▨▨▨▨▨▨.

Tu fais du sport?	
Je joue	au basket
	au foot
	au hockey
	au rugby
	au tennis
	au volley
Je fais	du cyclisme
	du ski
	de la gymnastique
	de la natation
	de la voile
	de l'équitation

3a **Copiez et complétez la grille pour chaque personne. (1–6)**
Copy and complete the grid for each person.

Exemple:

	club?	quand?
1	volley	mercredi soir

Tu es membre d'un club?

Je suis membre d'un club de gymnastique/ de voile/de foot/de natation/de tennis/ de cyclisme/de cinéma/d'équitation/d'ordinateur

Je vais au club le	lundi	matin
	mardi	après-midi
	mercredi	soir
	jeudi	
	vendredi	
	samedi	
	dimanche	

3b **Dites ce que vous faites en français.**
Say what you do in French.

Exemple: 1

> Je suis membre d'un club de foot. Je vais au club le lundi soir.

1 — lun. 20h

2 — mer. 20h

3 — sam. 10h

4 — ven. 20h

5 — sam. 10h

6 — mar. 15h

7 — dim. 10h

8 — jeu. 15h

4a Copiez les phrases. Indiquez si vous êtes d'accord ✔ ou pas d'accord ✗.
Copy the sentences. Show if you agree ✔ or disagree ✗.

1 Le cyclisme, c'est chouette.
2 Le volley, c'est super.
3 Le foot, c'est barbant.
4 Le hockey, c'est pénible.
5 La natation, c'est affreux.
6 Le cinéma, c'est génial.
7 Le rugby, c'est pas mal.
8 La gymnastique, c'est amusant.
9 La voile, c'est passionnant.

Qu'est-ce que tu penses de … ?	
C'est	amusant
	barbant
	pénible
	super
	pas mal
	passionnant
	affreux
	génial
	chouette

4b Notez l'activité en français, et l'opinion. (1–8)
Write down the activity in French, and the opinion.

	activité	opinion
1	sport	affreux,

4c À deux. En français:
In pairs. In French:

A

● Ask your partner if they do a sport

● Say no, it's awful. Ask your partner if they are a member of a club

● Say you watch TV and listen to music

B

● Say you play basketball on Mondays, it's great. Ask your partner if they go horse-riding
● Say you go to a swimming club on Sunday morning. Ask your partner what their hobbies are

4d Copiez et complétez.
Copy and complete.

Le week-end, je ▬▬▬.
    (fill in the activities you do).
Comme sports, j'aime ▬▬▬ mais je n'aime pas ▬▬▬.
    (write in the sports with le or la in front).
Je joue ▬▬▬ et je fais ▬▬▬.
    (write in the sports you do, and when you do them).
Je suis membre d'un club de ▬▬▬. Je vais au club le ▬▬▬.
    (write in clubs you go to and when).

1 Qu'est-ce qu'on va faire aujourd'hui?

Understanding information about leisure activities

 **PISCINE MUNICIPALE**

Ouvert tous les jours (sauf le mardi) de 7h30 à 21h.

Prix d'entrée adultes €1,90 enfants (moins de 12 ans) €1,30.

 **CENTRE SPORTIF**

6 courts de tennis (dont 2 à l'intérieur), terrain de jeux illuminé, 2 courts de squash, gymnase, piste de ski artificielle, cours de danse, d'aérobique et d'arts martiaux.

Ouvert du lundi au samedi de 6h30 à 22h, dimanche et jours fériés ouvert de 8h30 à 19h. Prix selon l'activité.

 **CINÉMA LE VOX**

séances à 13h, 15h30, 18h et 20h30. Prix d'entrée adulte €6,40, enfant €1,90, réductions le lundi après-midi.

FESTIVAL DE LA BANDE DESSINÉE

TOUTE LA BANDE DESSINÉE 20 m →

À partir du 2 juillet, grand festival de la bande dessinée, Hôtel de Ville. Heures d'ouverture: 9h à 19h, fermé le dimanche. Gratuit. Animations aussi le soir, place du marché. Jusqu'au 20 juillet.

 1a Trouvez le français dans les textes ci-dessus.

open   closed   every day

entrance price   adults   children

from ... to ...

bank holidays   cinema showings

reductions

free   until ...

except for ...

 1b C'est où? Notez P (piscine), CS (centre sportif), C (cinéma) ou F (festival).

1 On peut y faire du ski.
2 Il y a des réductions le lundi.
3 Ça commence le 2 juillet.
4 Il y a 4 séances par jour.
5 Un enfant de 10 ans paie €1,30.
6 C'est fermé le dimanche.
7 Un adulte paie €6,40.
8 Ça ferme à 21h.
9 Ça ne coûte rien.
10 On peut y apprendre à danser.
11 Ça a lieu à l'hôtel de ville.
12 Ça ouvre à 8h30 le 14 juillet.

1c Pour chaque conversation, notez les détails qui manquent. (1–4)

Allô, ici **a** .
Bonjour, madame/monsieur. Vous ouvrez à quelle heure, aujourd'hui?
À **b** .
Et vous fermez à quelle heure?
À **c** .
Merci. C'est combien par personne?

C'est **d** pour les adultes, et **e** pour les enfants.
Est-ce qu'il y a une réduction pour les étudiants?
f .
Merci beaucoup. Au revoir, madame/monsieur.

1d À deux. Répétez la conversation pour ces distractions.

Swimming pool
Opening hours 7.30am to 9pm.
Price £2.50 for adults,
£1.50 for children,
students £2.20.

Sports Centre
Opening hours 8.30am to 10pm.
Price £3 adults,
£2.20 children and students.

Museum
Open 9am–5pm.
Free entry.

| une livre | £1 |

2 Répondez aux questions en français.

1 What is showing at the cinema tonight?
2 What sort of film is it?
3 How long does the film last?
4 When does the last showing start?
5 In which language is the film?
6 Which actors star in the film?
7 What is Bond's mission?
8 What are the special effects like?

LE MONDE NE SUFFIT PAS (2h08)

Séances à 14h, 16h45, 19h30, 22h15
Film d'aventures avec:
Pierce Brosnan, Robert Carlyle, Sophie Marceau

Version française.
James Bond a pour mission de protéger King, un grand industriel. Mais l'homme est assassiné par une mystérieuse tueuse. Sa fille, Elektra King, rejette la faute sur James Bond et veut venger son père.
　　Pour ce 19ème épisode, James Bond fait le tour du monde. Il est toujours entouré des plus belles filles du globe et les effets spéciaux sont formidables.

3 Ça s'est bien passé?

Talking about the past

ÉCOUTER
1a Elsa a bien lu l'article à la page 40 et a suivi les conseils pour passer une bonne journée … mais est-ce que ça s'est bien passé?

Répondre   Répondre à tous   Transférer

Coucou Fleur!

Eh bien, le 14 juillet, quelle journée affreuse! Mon rendez-vous avec Emmanuel était à 19h. **J'ai attendu** devant le cinéma jusqu'à 19h30, puis **j'ai téléphoné** chez lui. 'Oh, je suis désolé, je suis en retard!' a-t-il dit. Finalement, **il est arrivé** vers 20h. J'étais furieuse!

Comme on était au cinéma, **j'ai proposé** d'aller voir un film. 'Ah! Non', a-t-il répondu, '**j'ai vu** ce film hier soir avec Coralie. C'était nul'. À ce moment-là, j'en **ai eu** assez. **Je suis rentrée** à la maison et **je suis montée** dans ma chambre. **J'ai passé** le reste de la soirée dans ma chambre où **j'ai regardé** la télé en paix. Les garçons? Non merci.

Bisous, Elsa

Écoutez et lisez son e-mail.
Mettez les images dans le bon ordre.

LIRE
1b Trouvez le français dans l'e-mail.

1 I went home	6 He arrived
2 I phoned	7 I spent
3 I suggested	8 I went up to
4 I watched	9 I waited
5 I saw	10 I had

Le détective

The perfect tense

The **perfect tense** is made up of two parts:

The first is taken from the verb **avoir** or **être**.
   J'ai vu/**J'ai** passé/**Je suis** monté(e)

The second is the past participle of the required verb.
   J'ai **vu**/J'ai **passé**/Je suis **monté(e)**

Common past participles:
-er verbs: téléphoner → téléphoné
-ir verbs: finir → fini
-re verbs: attendre → attendu

Irregular past participles

bu = *drank*	dû = *had to*
eu = *had*	voulu = *wanted to*
lu = *read*	fait = *made/did*
vu = *saw*	pris = *took*
pu = *could*	

The majority of verbs will take **avoir** in the past tense, however a number of exceptions to this rule take **être**.

Exemple: Je **suis** allé(e) *I went*

Pour en savoir plus ➡ page 169, pt 3.3

2a Écoutez et mettez les symboles dans le bon ordre.

2b Mettez ces phrases dans le bon ordre, puis trouvez le symbole qui correspond à chaque phrase.

1 VTT j'ai du fait
2 joué foot j'ai au
3 lu livre un j'ai
4 écouté des j'ai CD
5 allé boum je suis une à

6 j'ai aux jeux-vidéo joué
7 la j'ai natation de fait
8 joué dans orchestre un j'ai
9 fait une j'ai promenade
10 cartes j'ai aux joué

2c Regardez l'agenda. Qu'est-ce que vous avez fait la semaine dernière? Écrivez une phrase en français pour chaque jour.

Exemple: *Lundi, j'ai regardé la télé.*

○ ○	lundi
	mardi
○ ○	mercredi
	jeudi
○ ○	vendredi
	samedi
○ ○	dimanche

3a En groupe. Qu'est-ce que vous avez fait le week-end dernier?

● Le week-end dernier, j'ai lu un livre.
● Le week-end dernier, j'ai lu un livre et j'ai fait du vélo.

Continuez.

3b Vous avez passé le 14 juillet en France. Écrivez une liste de 10 activités que vous avez faites. Utilisez le passé composé!

J'ai regardé	la télé
J'ai lu	un livre
J'ai fait	de l'équitation/une promenade/de la natation/ de la pêche/du VTT
J'ai joué	aux cartes/aux jeux vidéo/au tennis/au foot/dans l'orchestre
J'ai écouté	des CD
Je suis allé(e)	au cinema/à une boum/à la piscine

 Jeux de rôles

1 You are arranging to meet a French boy/girl.

A

- Salut!
- Oui, bonne idée! Rendez-vous à quelle heure?
- D'accord. On se rencontre où?
- OK
- À bientôt!

B

- Ask him/her to go to one of these places with you: cinema; swimming pool; ?
- Suggest a meeting time: 16h; 18.30h; ?
- Suggest meeting at a café
- Say goodbye

2 You are at the museum in a French town with your family.

A

- Je peux vous aider?
- À 20 heures
- €2,30
- Oui, quel âge avez-vous?
- D'accord, c'est €1,50 pour vous

B

- Ask what time the museum closes
- Ask how much it is per person
- Ask if there is a reduction for students
- !

3 Bring photos or any equipment that you use for your favourite pastimes and talk about them for 1 minute. Make yourself a cue card.

En général, pendant mon temps libre, je ...

Mon passe-temps préféré est ...

Je fais ... depuis ... ans

J'aime ... parce que ...

Je fais cette activité ... (Quand? Où? Avec qui?

Dans un club?)

Récemment, ... j'ai fait/je suis allé(e)

Une autre activité que je voudrais essayer,

   c'est ... parce que ...

> *You must be able to show that you can talk in different tenses in the oral exam. In the conversation, watch out for key words which flag up the perfect tense.*
>
> | | |
> |---|---|
> | récemment | *recently* |
> | le week-end dernier | *last weekend* |
> | hier soir | *last night* |

Your examiner may ask ...

Est-ce que tu fais beaucoup de sport?

Fais-moi la description de ton joueur de sport préféré. (Remember 'Facts + Physical': hair and eyes, height and size!)

Est-ce que tu es sorti(e) récemment avec tes copains? Qu'est-ce que vous avez fait?

LIBRARY, UNIVERSITY OF CHESTER

1 Produce a diary recording what you did each day last week.

Jour	Activité	Avec qui	Opinion
lundi	Je suis allé(e) au cinéma – j'ai vu 'Titanic'. Puis, j'ai mangé une pizza à PizzaMan.	Ma mère	C'était nul.

Continue this diary with ideas of your own. Remember to show off what you have learned in this module.

2 Write a more detailed diary, recording what you did last weekend.

Presentation is important but it is the quality of your French which counts! Use pictures, photos, clipart and an effective layout, but remember to focus mainly on the written French.

Friday night
Describe a night out. Where did you go? Who with? What did you do? What was it like? Say if you like going out on a Friday night, and why.

Saturday
Describe a trip you went on: what did you do? Use your imagination. Say if you would like to go there again in the future, and why.

Sunday
Describe a dreary day at home: homework, TV, etc. Give your opinions about the things you did.

Vendredi dernier …
Je suis allé(e) …
J'ai joué etc.
C'était …
J'aime sortir le vendredi soir parce que …

Je vais retourner …   *I'm going to go back*

J'ai fait la vaisselle – c'était nul

Mots

Les passe-temps / Hobbies

Quels sont tes passe-temps?	*What are your hobbies?*
Je fais des promenades.	*I go for walks.*
Je fais des randonnées.	*I go rambling.*
Je joue aux cartes.	*I play cards.*
Je joue aux jeux vidéo.	*I play video games.*
Je joue avec l'ordinateur.	*I play on the computer.*
Je vais au cinéma.	*I go to the cinema.*
J'écoute de la musique.	*I listen to music.*
Je lis des romans.	*I read novels.*
Je regarde la télé.	*I watch TV.*
Je me repose.	*I rest.*

Les sports / Sports

Je fais du cyclisme.	*I go cycling.*
Je fais de la danse.	*I go dancing.*
Je fais de l'équitation.	*I go horse-riding.*
Je fais de la gymnastique.	*I do gymnastics.*
Je fais de la natation.	*I go swimming.*
Je fais du ski.	*I go skiing.*
Je fais du sport.	*I do sport.*
Je fais du vélo.	*I go cycling.*
Je fais de la voile.	*I go sailing.*
Je fais du VTT.	*I do mountain-biking.*
Je joue au basket.	*I play basketball.*
Je joue au foot.	*I play football.*
Je joue au hockey.	*I play hockey.*
Je joue au rugby.	*I play rugby.*
Je joue au tennis.	*I play tennis.*
Je joue au volley.	*I play volleyball.*
Je vais à la pêche.	*I go fishing.*
Je nage.	*I swim.*
Je suis membre d'un club (de tennis).	*I belong to a (tennis) club.*
Je suis membre (d'un orchestre/d'une équipe).	*I belong to (an orchestra/ a team).*
Je vais au club (le mardi soir).	*I go to the club on (Tuesday evenings).*
souvent	*often*
normalement	*usually*
quelquefois	*sometimes*

Les opinions / Opinions

C'est …	*It is …*
affreux	*awful*
amusant	*funny*
barbant	*boring*
chouette	*great*
formidable	*fantastic*
génial	*wonderful*
passionnant	*exciting*
pénible	*dreadful*
pas mal	*not bad*
super	*super*

Acheter des billets / Buying tickets

Vous (ouvrez/fermez) à quelle heure?	*At what time do you (open/close)?*
C'est combien par personne?	*How much is it per person?*
C'est (2 euros) pour (les adultes/les enfants).	*It is (2 euros) for (adults/children).*
Est-ce qu'il y a une réduction pour (les étudiants)?	*Is there a reduction for (students)?*
C'est gratuit.	*It's free.*

Les invitations	*Invitations*	**Qu'est-ce que tu as fait?**	*What did you do?*
Est-ce que (tu voudrais/ tu veux/tu as envie de/d')…?	*Would you like to …?*	J'ai regardé la télé.	*I watched TV.*
		J'ai lu un livre.	*I read a book.*
Tu voudrais (faire un pique-nique)?	*Would you like to (have a picnic)?*	J'ai fait (de l'équitation/ de la natation).	*I went (horse-riding/ swimming).*
		J'ai fait (une promenade/ du VTT).	*I (went for a walk/did mountain-biking).*
aller en boîte	*go to a nightclub*	J'ai joué aux (cartes/ jeux vidéo).	*I played (cards/video games).*
aller à la boum	*go to a party*		
aller au cirque	*go to the circus*	J'ai joué au (foot/ tennis).	*I played (football/ tennis).*
aller au concert	*go to a concert*		
faire un pique-nique	*have a picnic*	J'ai joué dans l'orchestre.	*I played in the orchestra.*
faire une excursion à vélo	*go on a cycle ride*	J'ai écouté des CD.	*I listened to some CDs.*
voir un film	*see a film*		
voir un match de foot	*see a football match*	Je suis allé(e) (au cinéma/ à une boum).	*I went (to the cinema/to a party).*
		Je suis allé(e) (à la piscine/pêche).	*I went (to the swimming pool/fishing).*
D'accord.	*Okay.*		
Bien sûr.	*Of course.*	J'ai bu.	*I drank.*
Bonne idée.	*Good idea.*	J'ai eu.	*I had.*
Avec plaisir.	*With pleasure.*	J'ai lu.	*I read.*
Je veux bien.	*I would like to.*	J'ai vu.	*I saw.*
		J'ai pu.	*I could.*
Je suis désolé(e).	*I'm sorry.*	J'ai dû.	*I had to.*
Je regrette./Je m'excuse.	*I'm sorry.*	J'ai voulu.	*I wanted to.*
C'est dommage.	*It's a shame.*	J'ai fait.	*I did.*
Je ne peux pas.	*I can't.*	J'ai pris.	*I took.*
Ça ne me dit rien.	*That doesn't interest me.*		
Je ne suis pas libre.	*I'm not free.*	Le week-end dernier …	*Last weekend …*
Je dois (faire) …	*I must (do) …*	l'après-midi	*afternoon*
		après-demain	*the day after tomorrow*
		aujourd'hui	*today*
		demain	*tomorrow*
		hier	*yesterday*
		le lendemain	*the next day*
		le matin	*morning*
		le soir	*evening*
		lundi	*Monday*
		mardi	*Tuesday*
		mercredi	*Wednesday*
		jeudi	*Thursday*
		vendredi	*Friday*
		samedi	*Saturday*
		dimanche	*Sunday*

Au boulot

a b c d e f g

h i j k l m n o

1a Faites correspondre les métiers et les symboles.
Match the jobs in the blue box with the symbols.

agent de police	dentiste	chauffeur
coiffeur	infirmier	médecin
fermier	professeur	secrétaire
boulanger	serveur	vendeur
boucher	caissier	
sans travail		

1b Copiez et complétez la grille.
Copy and complete the grid (using the notice board on the right).

Masculin	Féminin	anglais
coiffeur	coiffeuse	hairdresser

hôtesse de l'air serveur boucher boulanger

steward caissière fermier serveuse

coiffeuse infirmier caissier

bouchère vendeuse vendeur fermière

boulangère infirmière coiffeur

1c Notez le métier en français. (1–10)
Note the job in French.

2a Écrivez en français.
Write in French.

1 sœur

Exemple: Ma sœur est secrétaire.

Le détective

Agreement

Mon père est serveur.
Ma mère est serveuse.
Mon frère est boulanger.
Ma sœur est boulangère.
NB *Some jobs don't change e.g.*
médicin, professeur

Pour en savoir plus ➡ page 166, pt 1.1

2 père 3 belle-mère

4 grand-père 5 copain

 *English: My sister is **a** secretary.*
French: Ma sœur est secretaire.

6 oncle  7 mère 8 frère

2b À deux. Commencez une phrase avec un membre de la famille. Puis, mimez un métier. Votre partenaire complète la phrase.
In pairs. Begin a sentence about a member of your family. Then mime a job. Your partner completes the sentence.

Ma sœur est …

Ma sœur est professeur.

3a Complétez les numéros.
Complete the numbers.

a 59 = c∗nq∗ant∗-n∗∗f   **f** 47 = q∗ara∗t∗-se∗t
b 25 = vi∗g∗-c∗nq   **g** 21 = v∗n∗t et ∗n
c 60 = s∗∗xant∗   **h** 64 = ∗o∗x∗n∗e-qu∗t∗e
d 43 = qu∗r∗nte-t∗oi∗   **i** 58 = ∗inqant∗-h∗∗t
e 36 = tr∗nte-s∗x   **j** 32 = t∗∗nt∗-d∗∗x.

20 = vingt	
30 = trente	
40 = quarante	
50 = cinquante	
60 = soixante	
70 = soixante-dix	
75 = soixante-quinze	
80 = quatre-vingts	
85 = quatre-vingt-cinq	
90 = quatre-vingt-dix	
95 = quatre-vingt-quinze	

3b Faites correspondre les numéros.
Match up the numbers.

72   86   70   80   94

quatre-vingts   soixante-douze   82
quatre-vingt-dix   soixante et onze
90   99
quatre-vingt-quatorze   soixante-dix
soixante-quinze   quatre-vingt-six
75
quatre-vingt-dix-neuf   quatre-vingt-deux
71

3c C'est quel numéro? Écrivez a, b ou c.
Which number is it? Write a, b or c.

1 a 65   b 75   c 85
2 a 80   b 88   c 90
3 a 62   b 72   c 82
4 a 69   b 70   c 71
5 a 97   b 98   c 99
6 a 63   b 83   c 93
7 a 90   b 91   c 92
8 a 68   b 78   c 98

French phone numbers are usually 10 figures.
Exemple: 03-56-42-89-70
You say 'zero, three, fifty-six, forty-two, eighty-nine, seventy'
or 'zéro, trois, cinquante-six, quarante-deux, quatre-vingt-neuf, soixante-dix'
You don't say 'zero, three, five, six, four, two, eight, nine, seven, zero'

3d À deux. Notez 5 numéros de téléphone EN SECRET.
In pairs. Write down 5 telephone numbers in secret.

Exemple: 01-12-34-56-78

Dites les numéros à votre partenaire en français. Votre partenaire note les numéros. Comparez vos résultats.
Say the numbers to your partner in French. Your partner writes down the numbers. Compare your results.

3e Notez les numéros de téléphone. (1–8)
Write down the telephone numbers.

1 Qu'est-ce que vous voulez faire dans la vie?

Talking about your future career

● ● ● ● ● ● ● ● ● ● ● ● ● ● ● ● ● ●

1a Choisissez un emploi pour chaque personne ci-dessous.

> *Je voudrais travailler dans un magasin, avec des gens, parce que j'aime le contact avec d'autres personnes.*
> **Philippe, 16 ans**

> *Je voudrais travailler dans un bureau, ou dans le commerce, mais surtout dans l'informatique.*
> **Sophie, 15 ans**

> *Moi, je veux travailler avec les animaux. Je trouve les animaux plus gentils que les gens!*
> **Adrien, 14 ans**

> *Je voudrais travailler dans une usine, ou peut-être dans une école, mais je dois absolument faire un métier scientifique, parce que j'adore les sciences.*
> **Stéphanie, 15 ans**

Petites Annonces
Emplois

a serveur/serveuse ▓▓▓ ▓▓▓ ▓ ▓▓▓ ▓▓ ▓▓▓▓ ▓▓▓ ▓▓▓ ▓▓▓ ▓ ▓▓▓ ▓▓ ▓▓▓▓ ▓▓▓

b infirmier/ière ▓▓▓ ▓▓▓ ▓▓ ▓▓▓▓ ▓▓▓ **▓▓▓▓▓▓** ▓▓ ▓▓▓▓ ▓▓▓

c vendeur/euse ▓▓▓ ▓▓▓ ▓ ▓▓▓ ▓▓ ▓▓▓▓ ▓▓▓▓▓ ▓▓▓ ▓ ▓▓▓ ▓▓ ▓▓▓▓ ▓▓▓

d technicien/ne de laboratoire ▓▓▓ ▓▓▓ ▓ ▓▓▓ ▓▓▓▓ ▓▓▓▓▓ ▓ ▓▓▓ ▓▓ ▓▓▓▓ ▓▓▓

e jeune garçon/fille au pair ▓▓▓ ▓▓▓ ▓ ▓▓▓ ▓▓ ▓▓▓▓ ▓▓▓▓▓ ▓▓▓ ▓ ▓▓▓ ▓▓ ▓▓▓▓ ▓▓▓

f jardinier/ière ▓▓▓ ▓▓▓ ▓ ▓▓▓ ▓▓ ▓▓▓▓ **▓▓▓▓▓** ▓▓▓ ▓▓ ▓▓▓▓ ▓▓▓

g vétérinaire ▓▓▓ ▓▓▓ ▓ ▓▓▓ ▓▓ ▓▓▓▓ ▓ ▓▓▓ ▓ ▓▓▓ ▓▓ ▓▓▓▓ ▓▓▓

h opérateur/trice d'ordinateur ▓▓▓ ▓▓▓ ▓ ▓▓▓ ▓▓ ▓▓▓▓▓

i agent de police ▓▓▓ ▓▓▓ ▓

1b Choisissez un emploi pour chaque personne. (1–5)

1c Écrivez vos projets d'avenir en français.

Je (ne) voudrais (pas) travailler	dehors en plein air à l'intérieur		avec	les enfants les personnes âgées les gens
	dans	un bureau un magasin une banque une usine une école un hôpital le commerce le marketing le tourisme l'informatique		les malades les animaux les ordinateurs
Je voudrais être	serveur/serveuse …			

1d À deux. En français:

A

- Où voudrais-tu travailler?
- Avec qui voudrais-tu travailler?
- Qu'est-ce que tu voudrais être?

B

- Say ; ; ?
- Say ; ; ?
- Say ; ; ?

 2a Lisez les projets d'avenir de ces 5 jeunes. Qui:

1. est fort en sport?
2. adore les langues?
3. travaillera dans le tourisme?
4. ne s'est pas encore décidé?
5. cherchera un emploi dans l'informatique?
6. ira à l'université?
7. sera dehors pour son travail?
8. voyagera autour du monde?

Romain – Je ne sais pas encore ce que je ferai. Je voudrais voyager, je chercherai donc un métier qui me permettra de voyager dans le monde entier.

Yoann – Ce qui me plaît le plus, c'est les ordinateurs. Je ferai un diplôme au lycée technique, et puis, je chercherai du travail dans un bureau, peut-être pour une grande entreprise.

Anne – Si j'ai de bonnes notes, j'irai en faculté après le lycée pour étudier l'anglais et l'espagnol, parce que j'espère devenir interprète.

Hassiba – Comme j'aime beaucoup être en plein air, je travaillerai comme gardienne dans un camping situé pas loin de chez nous.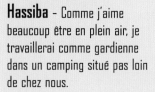

Vincent – Moi, je serai joueur de foot professionnel, si tout va bien. Je fais déjà partie de l'équipe junior de Monaco, et je continuerai à jouer pour eux, j'espère.

Le détective

Future tense

We have seen how to talk about the future using aller + infinitive.

Another way is to use the future tense.

Exemple: Je travaillerai chaque jour
= I will work every day.
Je voyagerai dans le monde
= I will travel the world.

You need to be able to recognise and understand the future tense.

je voyager**ai**	nous voyager**ons**
tu voyager**as**	vous voyager**ez**
il/elle/on voyager**a**	ils/elles voyager**ont**

J'ir**ai** …	I will go …
Je fer**ai** …	I will do …
Je ser**ai** …	I will be …

Pour en savoir plus ➡ page 171, pt 3.6

 2b Qui parle? Anne, Vincent, Yoann, Hassiba, ou Romain? (1–5)

2 *Avez-vous un job?*

Talking about part-time jobs and work experience

Avez-vous un *job?*

Les petits jobs d'été

Est-ce que c'est une bonne idée de faire un petit job le soir, le week-end ou pendant les vacances?

Valérie, 15 ans, et Fanch, 16 ans, répondent à nos questions:

Bonjour, Valérie. Tu travailles où?
Je travaille <u>dans un grand hypermarché</u>.
Tu commences à quelle heure?
Je commence <u>à 8h30</u>.
Tu finis à quelle heure?
Je finis <u>à 17h00</u>.
Comment vas-tu au travail?
J'y vais <u>en bus</u>.
Et le trajet dure combien de temps?
Le trajet dure <u>20 minutes</u>.
Combien est-ce que tu gagnes?
Je gagne <u>€5,90 par heure</u>.
Tu aimes ton job?
Et pourquoi?
<u>Oui, j'aime mon job parce que c'est bien payé et assez varié</u>.

- Et toi, Fanch?
- Moi, je distribue des journaux tous les matins.
- Tu commences à quelle heure?
- Je commence vers 5h30 ... oui! C'est fatigant!
- Tu finis à quelle heure?
- Pour distribuer les journaux, il me faut environ une heure.
- Comment vas-tu au travail?
- J'y vais à pied ou parfois à vélo.
- Et le trajet dure combien de temps?
- Oh, cinq minutes maximum: c'est tout près de chez moi.
- Combien est-ce que tu gagnes?
- Je gagne €12,20 par semaine pour les journaux.
- Tu aimes ton job? Et pourquoi?
- Non, je n'aime pas mon job. C'est ennuyeux de livrer des journaux, et c'est assez mal payé.

 1a Copiez et complétez la grille en français.

	Valérie	Fanch
Job		
Heures		
Moyen de transport		
Salaire		
Opinion(s)		

Le détective

Asking questions

The easiest way to ask questions in French is to put the question word at the end, and raise the pitch of your voice.

Exemple: Tu travailles où?
        Tu commences à quelle heure?

Pour en savoir plus ➡ page 173 pt 4.2

 1b Regardez les questions dans l'interview. Trouvez le français pour:

1 where?   3 how?   5 how much?
2 at what time?   4 how much time/how long?   6 why?

1c Écoutez une autre interview. Coralie répond aux mêmes questions. Notez ses réponses. (1–7)

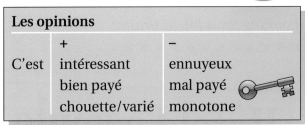

Les opinions

C'est	+	–
	intéressant	ennuyeux
	bien payé	mal payé
	chouette/varié	monotone

1d À deux. Parlez de votre travail.

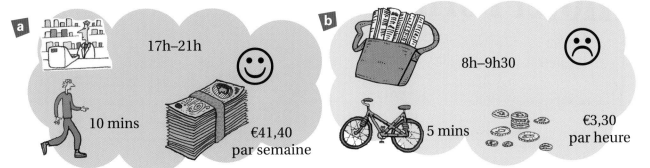

a 17h–21h 😊 10 mins €41,40 par semaine

b 8h–9h30 😞 5 mins €3,30 par heure

2a Copiez et remplissez les blancs.

J'ai ▆▆▆ dans un bureau chez France-Télécom. J'ai ▆▆▆ à huit heures et j'ai ▆▆▆ à quatre heures et demie. Mon patron ▆▆▆ sympa. Je suis ▆▆▆ au bureau à pied. J'ai ▆▆▆ des lettres sur ordinateur, j'ai ▆▆▆ le courrier et j'ai ▆▆▆ au téléphone. J'ai ▆▆▆ €40 par semaine. C'▆▆▆ chouette!

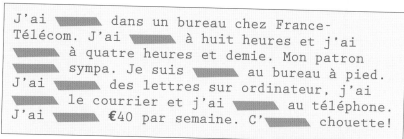

répondu   gagné   allé   tapé   travaillé
fini   était   distribué   commencé   était

2b Marc a fait son stage en entreprise aussi. Vrai ou faux?

1 Marc a travaillé dans un garage pendant trois semaines.
2 Il a travaillé dans le bureau.
3 Il a réparé les voitures.
4 Son patron était sympa.
5 Il est allé au travail à pied.
6 Ses heures du travail étaient de 8h30 à 17h.
7 Il a trouvé son stage ennuyeux.

2c Vous avez fait votre stage en entreprise chez Marks & Spencer. Regardez les images à côté et parlez de votre stage en entreprise.

Exemple: *J'ai travaillé …*

3 *Le monde du travail*

Looking for a job in France

Hôtel Formule 444

nouvel hôtel ✳✳
à Surgères, en France.

Nous recherchons le personnel suivant pour notre équipe:

chefs de cuisine   serveurs

réceptionnistes

femmes/hommes de chambre

Veuillez écrire (avec CV) à Adeline Giraud, Hôtel Formule 444, 17700 Surgères, FRANCE.

1 Copiez la lettre de demande d'emploi dans cet hôtel, et remplissez les blancs avec les mots ci-dessous.

stage

job

chère

gens

sentiments

CV

humour

parle

travaillé

sérieuse

poste

journal

Blackpool,
le 3 octobre

▬▬ Madame,
J'ai vu votre annonce dans le ▬▬ aujourd'hui, et je vous écris pour vous demander un ▬▬ dans votre hôtel. Je voudrais un poste comme serveuse, parce que j'aime travailler avec les ▬▬.
J'ai ▬▬ dans un restaurant pendant mon ▬▬ en industrie, et j'ai un ▬▬ dans un café local pendant le week-end. Je suis travailleuse et ▬▬, mais j'ai aussi un bon sens de l'▬▬.
J'habite en Grande-Bretagne, mais je ▬▬ bien français.
Veuillez trouver ci-joint mon ▬▬.
Je vous prie d'agréer, Madame, l'expression de mes ▬▬ distingués.

Alice Smith

2a Lisez le CV et indiquez si les phrases sont vraies ou fausses:

CURRICULUM VITAE

Nom: SMITH

Prénoms: ALICE CATHERINE

Adresse: 44 Woodville Road, Blackpool BL5 6NX, ANGLETERRE

Date de naissance: 21 juin 1986

Lieu de naissance: Blackpool

École(s): Blackpool High School

Matières étudiées: anglais, mathématiques, sciences, français, allemand, histoire, musique, art dramatique

Expérience: stage en entreprise dans un hôtel; petit emploi dans un café

Loisirs: natation, théâtre, basket, lecture

1 Alice habite en Angleterre.
2 Son anniversaire est le 21 juin.
3 Elle est née en France.
4 Elle ne va pas au collège.
5 Elle étudie huit matières.
6 Elle a déjà travaillé dans un hôtel.
7 Elle aime lire.

 2b Copiez et complétez le CV de Luc.

CURRICUL VITAE

Nom:

Prénoms:

Adresse:

Date de naissance:

Lieu de naissance:

École(s):

Matières étudiées:

Expérience:

Loisirs:

 3 À deux. Vous voulez un poste dans le nouvel hôtel. Préparez vos réponses à ces questions en français. Pratiquez la conversation avec un (e) partenaire.

Q Quel poste voulez-vous?
R Je voudrais un poste comme ...

Q Avez-vous de l'expérience?
R Pendant mon stage en entreprise j'ai travaillé ...
J'ai aussi un job. Je travaille ...

Q Quelles sont vos qualités personnelles?
R Je suis ...

Q À quelle date pouvez-vous commencer?
R Je peux commencer le ... et continuer jusqu'au ...

 2c Écrivez votre propre CV en français.

4 *La communication*

Using the telephone

• • • • • • • • • •

Matthew fait son stage en entreprise chez *Eau Naturelle*, une compagnie française qui a un bureau en Angleterre. Il travaille à la réception.

 1a Écoutez et pratiquez la conversation avec un partenaire.

- Good morning, Eau Naturelle, can I help you?
- Bonjour, <u>monsieur</u>, parlez-vous français?
- Ah oui, bonjour <u>madame</u>. C'est <u>Matthew</u> à l'appareil. Je peux vous aider?
- Je voudrais parler à <u>Monsieur Foley</u>, s'il vous plaît.
- C'est de la part de qui?
- Je suis <u>Fabienne Alalain</u>.
- Merci. Ne quittez pas … Ah, je regrette, mais <u>il</u> n'est pas là.
- Est-ce que je peux laisser un message?

- Bien sûr. Votre nom, comment ça s'écrit?
- Ça s'écrit <u>A … L … A … L … A … I … N</u>.
- Et quel est votre message?
- Dites-lui que <u>je ne peux pas venir à la réunion demain</u>.
- Merci beaucoup, c'est noté. Quel est votre numéro de téléphone, s'il vous plaît?
- C'est le <u>02-45-75-89-23</u>.
- Et <u>Monsieur Foley</u> peut vous rappeler à quelle heure?
- À partir de <u>dix heures et demie</u>.
- Merci, <u>madame</u>. Au revoir!

 1b Trouvez le français dans la conversation pour:

It's Matthew here.   Can I leave a message?
I'd like to speak to …   How do you spell your surname?
Who's calling?   What is your message?
Hold on.   What is your phone number?
He's not here.   What time can Mr Foley call you back?

1c Trouvez la fin de chaque message téléphonique.

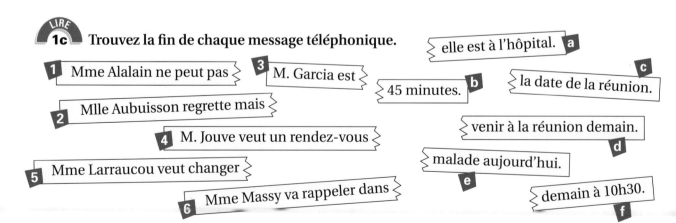

1 Mme Alalain ne peut pas
2 Mlle Aubuisson regrette mais
3 M. Garcia est
4 M. Jouve veut un rendez-vous
5 Mme Larraucou veut changer
6 Mme Massy va rappeler dans

a elle est à l'hôpital.
b 45 minutes.
c la date de la réunion.
d venir à la réunion demain.
e malade aujourd'hui.
f demain à 10h30.

1d À deux. Répétez la conversation **1a** mais changez les détails soulignés.

2a Écoutez les messages sur le répondeur téléphonique. Identifiez qui a téléphoné. (1–6)

2b Regardez les images **2a**. Déchiffrez les codes pour trouver les messages secrets. Qui a écrit chaque message?

1 10,5 / 4,15,9,19 / 1,12,12,5,18 / 1 / 21,14,5 / 1,21,20,18,5 / 18,5,21,14,9,15,14

2 ajaeasauaiasamaaalaaadaea

3 kf tvjt fo spvuf qpvs ofx zpsl

4 ia'j udrep sel sfelc ed am erutiov

5 i'zh lzmptd kd sqzhm

6 ej isod corpeuc'm ud bééb

2c À deux. Écrivez 3 messages téléphoniques français en code secret. Est-ce que votre partenaire peut les comprendre?

À L'ORAL

Jeux de rôles

1 You are in France, and decide to phone your penfriend, but he/she is out.

A
- Qui est à l'appareil?
- D'accord. Quel est ton numéro de téléphone?
- À quelle heure est-ce que tu vas rappeler?
- OK, c'est noté
- De rien

B
- Say who you are, and spell your surname
- 02-12-54-80-03;?
- Suggest 12h; 16h; 19h
- Say thank you

2 You telephone a campsite owner because you'd like a holiday job in France.

A
- Allô, Camping du Bois!
- Très bien. Avez-vous de l'expérience?
- Ah oui. À quelle date pouvez-vous commencer?
- Ça va
- 6,75€ par heure

B
- Say why you are phoning
- Say you have worked in one of these places: shop; sports centre; café
- !
- Ask how much you will earn

3 Talk for 1 minute on the subject of your ideal job. Make yourself a cue card.

Je voudrais être …

Je voudrais travailler … avec …

Je pense que ma personnalité est idéale pour cet

emploi parce que je suis …

Au collège, j'aime … mais je n'aime pas …

J'ai de l'expérience dans ce domaine parce que …

Giving an opinion is really important in the oral exam. Try to use à mon avis *or* je pense que *before your opinion. Try to say* car *or* parce que *and give a reason for your opinion.* **Exemple:**

Je voudrais être professeur car à mon avis c'est un métier intéressant et je pense que je voudrais travailler avec les enfants.

Your examiner may ask …

Qu'est-ce que tu voudrais faire dans la vie?

Pourquoi préfères-tu ce métier?

Est-ce que tu voudrais être professeur?

Parle-moi de ton petit boulot.

Qu'est-ce que tu as fait/tu vas faire pendant ton stage en entreprise?

1 Use your imagination and invent a French character for yourself.

1 Produce a CV for this character.
2 As this character, write a letter of application for one of the jobs in the advert.
(Look at pages 54–55 for help.)

2 Write a description about your work experience. If you haven't done work experience, use your imagination!

Euroland €Paris

Nous cherchons pour notre Parc d'Attractions:
- réceptionnistes
- acteurs/actrices
- vendeurs/vendeuses

Veuillez écrire (avec CV) à Madame Besson, Euroland Paris

Introduction
Say where you worked, your working hours, and what you did. Use the perfect tense.

Paragraph 1
Describe your journey to work, and what you did at lunchtimes.

Paragraph 2
Describe your boss.

Paragraph 3
Say if you would like to do this job in the future, and why or why not.

Conclusion
Give your opinion about work experience in general, and reasons for your opinion.

j'ai fait mon stage en entreprise chez …

le patron	*male boss*
la patronne	*female boss*
il/elle était	*he/she was*
il/elle avait	*he/she had*

Je voudrais/Je ne voudrais pas …
… travailler comme (secrétaire) parce que c'est …

Je trouve que les stages en entreprise sont une bonne/mauvaise idée parce que …

Giving full descriptions gets you more marks. Try to add in at least 3 details when you are describing something or somebody.
Exemple:

Ma patronne était vraiment travailleuse, mais elle était très gentille aussi et elle avait un assez bon sens de l'humour.

Vary your descriptions by using these words before adjectives:
un peu   assez   très   vraiment   extrêmement

Mots

Les métiers	Jobs
Il/Elle est …	He/She is …
acteur/actrice	actor/actress
agent de police	police officer
boucher(ère)	butcher
boulanger(ère)	baker
caissier(ière)	cashier
chauffeur(euse)	driver
coiffeur(euse)	hairdresser
dentiste	dentist
fermier(ière)	farmer
hôtesse de l'air	air hostess
steward	air steward
infirmier(ière)	nurse
médecin	doctor
professeur	teacher
secrétaire	secretary
serveur(euse)	waiter/waitress
vendeur(euse)	sales assistant
sans travail	out of work

Où?	Where?
Je voudrais travailler …	I would like to work …
Je ne voudrais pas travailler …	I wouldn't like to work …
dehors/en plein air	outside
à l'intérieur	inside
dans …	in …
une banque	a bank
un bureau	an office
une école	a school
un garage	a garage
un magasin	a shop
une usine	a factory
le commerce	business
l'informatique	computing
le marketing	marketing
le tourisme	tourism
Je voudrais travailler avec …	I would like to work with …
les animaux	animals
les enfants	children
les gens	people
les malades	ill people
les ordinateurs	computers
les personnes âgées	old people
Je voudrais être (dentiste).	I would like to be a (dentist).

L'avenir	The future
j'irai	I will go
je ferai	I will do
je serai	I will be
J'irai en faculté.	I will go to university.
Je prendrai une année sabbatique.	I will take a gap year.
Je voyagerai dans le monde.	I will travel the world.
Je ferai un licence.	I will do a degree.
Je voudrais être (interprète).	I would like to be (an interpreter).
Je voudrais devenir (infirmier).	I would like to be (a nurse).
Je voudrais travailler (à l'étranger/en Afrique).	I would like to work (abroad/in Africa).
Je voudrais perfectionner mon français.	I would like to improve my French.
Je voudrais voyager.	I would like to travel.
le chômage	unemployment
les chômeurs	the unemployed

Les petits jobs	Part-time jobs
Je travaille (dans un grand hypermarché).	I work (in a large hypermarket).
Je distribue des journaux.	I deliver newspapers.
Je fais du babysitting.	I do babysitting.
Je (commence/finis) à … h.	I (start/finish) at … o'clock.
J'y vais (en bus/à pied/à vélo).	I go there (by bus/on foot/by bike).
Le trajet dure (20 minutes).	The journey lasts (20 minutes).
Je gagne (5 euros) par heure.	I earn (5 euros) an hour.
J'aime mon job parce que …	I like my job because …
Je n'aime pas mon job parce que …	I don't like my job because …
c'est …	it is …
bien payé	well-paid
mal payé	badly-paid
chouette	great
ennuyeux	boring
fatiguant	tiring
intéressant	interesting
monotone	dull
varié	varied

Quel poste voulez-vous?	*What job would you like?*
Je voudrais un poste comme …	*I would like a job as a …*
Avez-vous de l'expérience?	*Do you have any experience?*
Pendant mon stage en entreprise j'ai travaillé …	*During my work experience, I worked …*
À quelle date pouvez-vous commencer?	*What date can you start on?*
Je peux commencer le …	*I can start on the …*
et continuer jusqu'au …	*and continue until the …*
Quelles sont vos qualités personelles?	*What are your personal qualities?*
J'ai travaillé (dans un bureau).	*I worked (in an office).*
J'ai gagné …	*I earned …*
J'ai commencé à …	*I started at …*
J'ai fini à …	*I finished at …*
J'y suis allé(e)(en bus).	*I went there (by bus).*
Le trajet a duré …	*The journey lasted …*
J'ai aimé mon job parce que …	*I liked my job because …*
Je n'ai pas aimé mon job parce que …	*I didn't like my job because …*
C'était (intéressant).	*It was (interesting).*
Nom	*Name*
Prénom	*First name*
Adresse	*Address*
Date de naissance	*Date of birth*
Lieu de naissance	*Place of birth*
École	*School*
Matières étudiées	*Subjects studied*
Expérience	*Experience*
Loisirs	*Interests*

Au téléphone	*On the phone*
Allô.	*Hello.*
C'est (Anne) à l'appareil.	*It is (Anne) speaking.*
Je peux vous aider?	*Can I help you?*
Je voudrais parler à …	*I would like to speak to …*
C'est de la part de qui?	*Who is calling?*
Ne quittez pas.	*Hold on.*
Je regrette, il/elle n'est pas là.	*I'm sorry, he/she isn't there.*
Est-ce que je peux laisser un message?	*Can I leave a message?*
Votre nom, comment ça s'écrit?	*How is your name spelt?*
Quel est votre message?	*What is your message?*
C'est noté.	*I have made a note of that.*
Quel est votre numéro de téléphone?	*What is your phone number?*
C'est le …	*It is …*
À quelle heure est-ce que je peux rappeler?	*What time can I call back?*
À partir de …	*From …*

Les chiffres	*Numbers*
vingt	*twenty*
trente	*thirty*
quarante	*forty*
cinquante	*fifty*
soixante	*sixty*

Ma ville

1a Copiez la boussole et placez les villes au bon endroit. (1–5)
Copy the compass and put the towns in the right place.

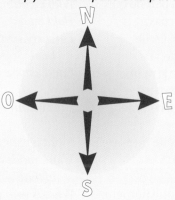

Toulon   Cognac   Nancy
Arras   Clermont-Ferrand

Mon village est situé	dans le nord	de la France
Ma ville est située	dans le sud	de l'Angleterre
	dans l'est	de l'Écosse
	dans l'ouest	du pays de Galles
	dans le centre	de l'Irlande

1b Indiquez si les phrases sont vraies ou fausses, et corrigez les phrases fausses.
Note if each sentence is true or false, and correct the false sentences.

1 Brighton est dans l'ouest de l'Angleterre.
2 Cardiff est dans le sud du pays de Galles.
3 Norwich est dans l'est de l'Angleterre.
4 Édimbourg est dans le centre du pays de Galles.
5 Belfast est dans le nord de l'Irlande.
6 Newcastle est dans l'ouest de l'Angleterre.
7 Londres est dans le sud de l'Écosse.
8 Lyme Regis est dans le sud de la France.

1c À deux. Copiez la boussole.

In pairs. Copy the compass.

 Juliette

 Sabrina

 Djamel

 Marc

 Eric

EN SECRET, placez ces prénoms.
Ensuite trouvez qui habite où.

In secret, place these names.
Then find who lives where.

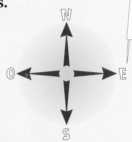

Exemple:

● *Juliette habite dans l'ouest?*
● *Non*
● *Elle habite dans l'est?*
● *Oui!*

1d Copiez et complétez les phrases correctement.

Copy and complete the sentences correctly.

1 Les Alpes sont dans l' ◼.
2 La Bretagne est dans l' ◼.
3 Le Midi est dans le ◼.
4 Strasbourg est dans l' ◼.

5 Les Pyrénées sont dans le ◼.
6 La Manche est dans le ◼.
7 Le Havre est dans le ◼.
8 Marseille est dans le ◼.

1e Regardez les images et écrivez les phrases en français.
Look at the pictures and write the sentences in French.

Exemple: 1

> Mon village est situé dans le nord de l'Angleterre.

1

2

3

4

5

6

7

8

du pays de Galles
de la France
de l' Angleterre
Écosse
Irlande

2a Identifiez les symboles.
Identify the symbols.

Exemple: a le château

le château	la piscine
le stade	la gare
le musée	l'hôtel de ville
le parc	l'hôpital
le magasin	l'église
le collège	
le syndicat d'initiative	

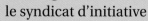

Dans ma ville	il y a	un stade
		une gare
		des magasins
	il n'y a pas de	stade
		gare
		magasins

2b Mettez les symboles dans le bon ordre.
Put the symbols in the right order.

3a Faites une liste en français de ce qui existe dans ces villes/villages.

Make a list of what there is in these towns/villages.

Exemple: **a** = *une piscine, des magasins, …*

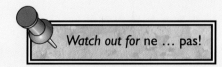 *Watch out for ne … pas!*

a J'habite à Albertville. Il y a une très belle piscine, des magasins et un hôpital. Il y a une gare et des églises, mais il n'y a pas de château.

b J'habite dans un très petit village dans les Alpes. Il n'y a pas d'école, et il y a un seul magasin, c'est tout.

c Dans ma ville, il y a un grand hôpital, un stade de foot et un musée. Il y a aussi une magnifique cathédrale!

d Il n'y a pas de piscine dans mon village, mais il y a un grand parc et neuf ou dix magasins. Il y a aussi une église et une école.

e J'habite Blois. L'hôtel de ville est très joli. Il y a un syndicat d'initiative pour les touristes, et un grand château. Il y a aussi beaucoup de magasins, bien sûr.

 3b À deux. En français:

In pairs. In French:

A
- Où habites-tu?
- C'est une ville ou un village?
- Où se trouve ta ville/ton village?
- Qu'est-ce qu'il y a dans ta ville/ton village?
- Tu aimes habiter dans ta ville/ton village?

B
- Say Glasgow; London; ?
- Say [image] ; [image]
- Say [image] ; [image] ; ?
- Say [image] ; [image] ; ?
- Say ☺ ; 😐 ; ☹

 3c Écrivez 2 paragraphes.

Write 2 paragraphs.

1 Dans mon village/ma ville, il y a (+ liste).
2 Mais il n'y a pas de (+ liste).

Rappel

J'aime y habiter	*I like living there*
Je n'aime pas y habiter	*I don't like living there*

1 *Voici ma ville*

Describing a town

● ● ● ● ● ● ● ● ● ●

Toulouse

Alicia habite à Toulouse, la quatrième ville de France, et **la capitale** de la région Midi-Pyrénées.. Toulouse se trouve **dans le sud-ouest** de la France, **à 730 kilomètres de** Paris, et il y a environ 700 000 habitants. Alicia n'habite pas en ville, mais dans **la banlieue**. Toulouse est **une grande ville** qui est **industrielle**, mais très **agréable** aussi, et très **historique**.

Le **Morne-Rouge**

Pierre habite dans **un petit village** qui s'appelle Le Morne-Rouge. Le Morne-Rouge se trouve dans le nord de la Martinique, **une île** des Caraïbes qui est officiellement **une région** de la France. Le Morne-Rouge est situé **sur la côte**, près **de** Fort-de-France, la capitale de la Martinique. C'est un **joli** village **touristique**.

Florennes

Sébastien est belge. Il habite à Florennes, **une ville moyenne** de 10 000 habitants qui est située **dans le sud-est** du pays. Florennes est **à la campagne** dans une région rurale, mais très **animée**.

1a Qui … (Alicia, Pierre ou Sébastien):

1 habite dans une grande ville?
2 habite en Belgique?
3 habite dans une ville moyenne?
4 habite en France?
5 n'habite pas en Europe?
6 habite dans la capitale de sa région?
7 habite dans la banlieue?

1b Copiez la grille, puis catégorisez les mots en caractères gras dans les textes.

Catégorisez aussi:

au bord de la mer	beau
calme	à la montagne
moderne	important
un quartier	ancien
vieux	typique
magnifique	tranquille

Sorte de lieu	Situation	Description
une grande ville	dans le sud-ouest	historique

Utilisez un dictionnaire si vous voulez.

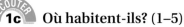

1c Où habitent-ils? (1–5)

1d Copiez et complétez les descriptions.

1 York est une grande _____ située dans le _____ de l'Angleterre. C'est une ville _____. Il y a 174 000 _____.

2 Tillicoultry est un _____ village qui se _____ dans le centre de l'_____ près de _____.

3 Albertville se trouve à la _____, dans les Alpes. C'est une ville _____ de 100 000 habitants, qui _____ située à 120 _____ de Lyon.

4 La Rochelle se trouve sur la _____, au bord de l'_____. C'est une _____ ville.

moyenne	kilomètres
Atlantique	habitants
ville	montagne
Écosse	trouve
est	jolie
petit	côte
nord	historique
stirling	

2a Identifiez les sortes de logement.

a une maison individuelle
b une maison jumelée
c une maison mitoyenne
d un HLM

It doesn't matter whether or not you know anything about the towns mentioned; you just need to look at the words, as only one can possibly make sense in each gap.

Le détective

Position of adjectives

Most adjectives come after the noun.

Exemple: une ville industrielle/un village historique

But a few short, common adjectives come before the noun.

Exemple: un petit village/une jolie ville

Pour en savoir plus ➡ page 175, pt 6.4

2b Écrivez 2 phrases sur les sortes de maisons qu'il y a dans votre village/ville.

Dans	mon village	il y a	beaucoup de	maisons individuelles
	ma ville		plein de	maisons jumelées
	mon quartier		pas mal de	maisons mitoyennes
	ma région	il n'y a pas de/d'		HLM

2 Qu'est-ce que c'est qu'une ville typique?

Saying what there is in a town
Describing a local festival

●●●●●●●●●●●●●●

 1a Faites correspondre les mots et les photos.

 a

 b

 c

 d

 e

 f

 g

 h

 i

 j

 k

 l

 m

 n

1 un camping	6 un port	11 un centre sportif
2 une mairie	7 une gare routière	12 un centre commercial
3 un monument historique	8 une cité	13 une patinoire
4 une place	9 un commissariat	14 un centre de recyclage
5 un pont	10 un théâtre	

 1b Qu'est-ce qu'il y a dans ces villes? Notez en français. (1–6)

 2 Préparez une description de votre ville/village,
et de 2 autres villes/villages dans votre région
en changeant les mots colorés.

Exemple:

> **Surgères** est une ville qui se trouve dans le
> sud-ouest de la France, près de La Rochelle.
> C'est joli, touristique et tranquille. Il y a un
> centre commercial, une place, une gare, des
> parcs, un camping, un château et une belle
> église. Dans ma ville, il y a beaucoup de
> maisons individuelles mais il n'y a pas d'HLM.

When saying a list, make sure
you get your intonation right, i.e.
you get the right **tune**! Your voice
should go up with each item on the
list, and down on the last item.
Exemple:

Il y a un centre commercial,
une place, une gare, des parcs,
un camping, un château et
une belle église.

3a Lisez le texte, puis identifiez la fête: le 14 juillet, Noël, ou Carnaval?

On fait la fête

1 Le matin, on est allé à l'église: il faisait très froid!

2 Je me suis déguisé en diable rouge: c'était très amusant!

3 J'ai reçu plein de cadeaux de ma famille et de mes amis.

4 Les feux d'artifice étaient vraiment formidables!

5 On a passé quatre jours à danser et à chanter.

6 En famille, nous avons mangé des huîtres: elles étaient délicieuses!

7 J'ai vu mille soldats dans le grand défilé. C'était assez impressionnant.

8 Je suis allée à un marché spécial dans les rues de la ville.

À Toulouse, pour nous, la grande fête, c'est le quatorze juillet: c'est la fête nationale de la France. C'est un jour de congé pour tout le monde. Le matin, il y a un grand défilé militaire, qui se termine sur la place. Le soir, il y a des feux d'artifices sur la rivière: ça, c'est super. Après, il y a un bal sur la place, et on danse jusqu'à deux ou trois heures du matin.

Ce que j'aime bien à Florennes, c'est Noël. Il y a un marché spécial dans les rues, et on peut acheter de petits cadeaux pour la famille. Le jour de Noël, on va à la messe le matin. On ouvre les cadeaux le 24 décembre, si le Père Noël ne nous a pas oubliés … Le jour de Noël, on mange des huîtres et du foie gras, et on boit beaucoup de champagne.

Aux Caraïbes, tout s'arrête pour notre Carnaval qui a lieu en février. Pendant quatre jours, on danse, on chante dans la rue: et surtout, on s'amuse. Pour Mardi Gras, on se déguise en diables rouges, et le lendemain, on enterre le Roi du Carnaval. C'est vraiment une fête extraordinaire.

> **On** is a very useful word meaning **you** or **we** or **one** or **people**.
> It is easy to use: the verb follows the same pattern as for il/elle.

3b Qu'est-ce que vous faites chez vous pour faire la fête? Décrivez une fête qui existe dans votre région.

Nous, on fête … le … (date) …				
Le matin	il y a	un défilé	et on	danse
L'après-midi		un marché		chante
Le soir		un bal		mange
		un concours		boit
		un concert		s'amuse
		des feux d'artifice		se déguise (en …)
		un match de foot		joue (à …)
		un spectacle		va (à …)

3 Nos environs

Making comparisons and explaining pros and cons

J'habite en ville. Je pense que la ville est plus animée que la campagne. Bien sûr, la campagne est moins sale que la ville, et plus calme, mais je préfère la ville, parce c'est plus dynamique.

J'habite à la campagne. À mon avis, la campagne est plus tranquille que la ville. Les maisons sont plus jolies et c'est moins sale.

Le détective

Comparisons

plus … que = *more … than*

Exemple: la campagne est plus tranquille que la ville = *the countryside is more peaceful than the town*

moins … que = *less … than*

Exemple: la campagne est moins sale que la ville = *the countryside is less dirty than the town*

Pour en savoir plus ➡ page 175, pt 6.5

1a Notez s'ils préfèrent la ville ou la campagne, et pourquoi. (1–6)

Les raisons
moins sale   plus animée   moins intéressante
plus industrielle   plus ennuyeuse

Préfère	Raisons
1 la campagne	plus tranquille

1b Pour ou contre la vie à la campagne? Catégorisez les phrases: P (positif) ou N (négatif).

a Notre maison est entourée de champs et de bois, ce qui est très agréable.

b Je dois me lever à 6h pour aller au collège, car c'est à 30 kilomètres de chez moi.

c Il y a moins de bruit.

d Mes camarades habitent loin de chez moi.

e L'environnement est plus propre. Il y a trop de pollution en ville.

f Mes parents ont des moutons et des vaches, et j'ai un cheval à moi.

g Les transports en commun ne sont pas assez fréquents.

h On n'a pas tout ce qu'il faut pour s'amuser: aucun* cinéma, aucune* boîte, seulement le bar local.

i En ville, tout le monde jette ses déchets par terre, et les rues sont souvent sales.

j Il n'y a pas assez de magasins: on n'a pas de choix.

*aucun(e) = *not a single* (see page 174, pt 5.2)

1c Quelle est votre opinion? Écrivez où vous habitez (en ville ou à la campagne). Faites une liste en français de 3 avantages (+) et 3 inconvénients (–) d'y habiter.

Il y a	un cinéma/une piscine etc.
Il n'y a pas de	cinéma/piscine etc.
Il y a plus de/moins de	cafés/magasins/bruit etc
C'est plus/moins	animé/dynamique/ tranquille/calme/sale/propre/joli

1d Faites le Jeu-Test!

> *Giving pros and cons:*
> il n'y a pas assez de
> = *there's not enough …*
> il y a trop de
> = *there's too much/too many …*
> l'avantage, c'est que …
> = *one advantage is that …*
> l'inconvénient, c'est que …
> = *one disadvantage is that …*
> d'un côté … , d'un autre côté …
> = *on the one hand … , on the other, …*
> mais = *but*
> pourtant = *however*
> par contre = *on the other hand, …*

Jeu-Test - Es-tu écolo?

Fais-tu assez pour protéger ta ville … et donc la planète …?

1 Dans la rue, tu vois quelqu'un qui jette des déchets par terre.
- **a** Tu ne fais rien.
- **b** Tu mets le papier à la poubelle.
- **c** Tu lui dis 'Hé, idiot, il y a une poubelle là-bas!'

2 Il y a plein de vieux journaux chez toi. Est-ce que:
- **a** Tu les mets à la poubelle avec les autres déchets?
- **b** Tu les portes au centre de recyclage?
- **c** Tu vas au centre de recyclage avec tes journaux, tes bouteilles vides, et un sac de vieux vêtements?

3 Tu habites à 2 kilomètres du collège. Il pleut.
- **a** Tu demandes à ton père de t'y conduire en voiture.
- **b** Tu mets ton imperméable et tu pars pour le collège.
- **c** Tu y vas à vélo: c'est rapide et ne pollue pas.

4 On veut faire construire une nouvelle cité sur le terrain de sports de ton collège.
- **a** Bonne idée: tu as horreur de l'EPS.
- **b** C'est dommage, mais les maisons sont nécessaires.
- **c** Tu organises une pétition avec tes camarades de classe: protégeons notre terrain de sport!

5 Tu fais un pique-nique tranquille à la campagne. Un groupe de jeunes arrive avec un gros radio-cassette.
- **a** Tu leur demandes de faire jouer la musique plus fort: tu adores le hard rock!
- **b** Tu n'aimes pas le bruit, mais tu ne dis rien.
- **c** Tu leur demandes d'arrêter la musique: c'est la campagne, après tout!

Si tu as répondu surtout a:
Attention! Ton attitude est très relax envers notre planète.

Si tu as répondu surtout b:
Tu as une attitude raisonnable envers ton evironnement, mais tu pourrais faire un peu plus.

Si tu as répondu surtout c:
Félicitations! Tu es très écolo.

Jeux de rôles

1 You are on holiday in Marmande in France and you phone your penfriend to talk about the town.

A

- Où est Marmande exactement?
- C'est une grande ville?
- Qu'est-ce qu'il y a dans la ville?
- Qu'est-ce que tu penses de Marmande?
- C'est vrai?

B

- Say Marmande is in the south-west
- Say it is a small town
- Say there is one of these things in Marmande: campsite; police station; church
- Say what you think of Marmande

2 You are showing a French tourist around your town.

A

- Vous habitez ici depuis quand?
- Et qu'est-ce qu'il y a dans la ville?
- Et il y a des problèmes dans votre ville?
- C'est intéressant
- À Bayeux, en Normandie

B

- Say 6 months; 5 years; 10 years*
- Say there is a very old castle in your town
- !

- Ask the visitor where he/she lives

*J'y habite depuis … ans.

3 Talk for 1 minute about your favourite town. Make yourself a cue card.

Je vais vous parler de ma ville préférée.

Ma ville préférée s'appelle …

Elle est située …

À …, il y a beaucoup de distractions, par exemple.

J'aime … parce que c'est …

J'aime … habiter à … parce que …

Récemment à … , j'ai …

Your examiner may ask …

Où habites-tu?

Quelles sortes de maisons est-ce qu'il y a dans ta ville/ton village?

Est-ce que tu as visité la France? Fais-moi la description de la ville/le village que tu as visité.

Est-ce que tu préfères la ville ou la campagne? Pourquoi?

Où est-ce que tu voudrais habiter? Pourquoi?

Qu'est-ce que tu as fait Noël dernier?

The key to success is to speak as much as you can!
Exemple:
Où habites-tu?
- *Liverpool.* ☹
- *J'habite à Liverpool.* 😐
- *J'habite à Liverpool, une grande ville industrielle qui se trouve dans le nord-ouest d'Angleterre, sur la côte.* 🙂

You get extra marks for content and independence when you give long, interesting answers.

À L'ÉCRIT

 1 Write a postcard describing your home town.

> Say where you live and where in Britain that is.
> Say what there is to do in your town.
> Say what your town is like.
> Say what kinds of houses there are there.
> Say if you like living there, and why or why not.
> Try to give plenty of details. If you live in a tiny place with not much to describe, imagine you live in a bigger town and describe that instead.

Jean-Luc Arnaud

45bis, rue Carnot

13570 Barbentane

 2 Produce a leaflet advertising your local area.

Say where in Britain your region is.

Choose 4 or 5 towns in your region to focus on.

Write a description of each town, saying where it is, what it is like and what there is to do there. Express an opinion about each town, and give reasons.

Quote some French tourists describing which towns they visited, what they did there and what they thought of the town. You could write the quotes in speech bubbles or present them as a report.

Quote a tourist saying which town they would like to visit in the future, and why. (Je voudrais ...)

J'ai	visité/fait/vu
Il/elle a	
C'était	intéressant
Il/elle l'a trouvé	

Checking written work will really improve your mark. When you have done your first draft, go through it and check:
- *Your verb tenses and formation. Have you got the past, present and future tenses right?*
- *Your genders. Have you just guessed if a word is masculine or feminine? Check the gender using the glossary or dictionary.*
- *Your adjective endings.*
- *Your spellings and accents. Make sure you remember the accents, especially if you are word processing your work.*

Mots

C'est où?
Where is it?

Mon village est situé …
My village is situated …

Ma ville est située …
My town is situated …

dans (le nord/le sud/
l'est/l'ouest/le centre)
*in the (north/south/east/
west/centre)*

de la France
of France

de l'Angleterre
of England

de l'Écosse
of Scotland

de l'Irlande (du Nord)
of (Northern) Ireland

du pays du Galles
of Wales

J'habite …
I live …

à la campagne
in the country

en ville
in the town

au bord de la mer
by the seaside

La ville
The town

le camping — *campsite*
le centre commercial — *shopping centre*
le centre sportif — *sports complex*
le château — *castle*
la cité — *housing estate*
le collège — *school*
le commissariat — *police station*
l'église (f) — *church*
la gare — *station*
la gare routière — *bus station*
l'hôpital (m) — *hospital*
l'hôtel de ville (m) — *town hall*
le magasin — *shop*
le monument historique — *historical monument*
le musée — *museum*
le parc — *park*
la patinoire — *skating rink*
la piscine — *swimming pool*
la place — *square*
le pont — *bridge*
le port — *port*
le stade — *stadium*
le syndicat d'initiative — *tourist information office*
le théâtre — *theatre*

Où habites-tu?
Where do you live?

C'est une village ou
une ville?
Is it a town or a village?

Où se trouve ta ville/ton
village?
*Where is your
town/village?*

Qu'est-ce qu'il y a dans
ta ville/ton village?
*What is there in your
town/village?*

Tu aimes habiter dans ta
ville/ton village?
*Do you like living in your
town/village?*

Dans ma ville, il y a
(un stade).
*In my town there is
(a stadium).*

Il n'y a pas de (gare).
There isn't a (station).

Il y a plus de (cafés).
There are more (cafés).

Il y a moins de (bruit).
There is less noise.

C'est plus/moins …
It is more/less …

animé — *lively*
calme — *quiet*
dynamique — *dynamic*
joli — *pretty*
moderne — *modern*
propre — *clean*
sale — *dirty*
tranquille — *calm*

J'aime y habiter.
I like living there.

Je n'aime pas y habiter.
I don't like living there.

Il/Elle habite dans
la banlieue.
*He/She lives in the
suburbs.*

C'est une ville (agréable/
historique/
industrielle).
*It is (a pleasant/an
historic/ an
industrial) town.*

C'est un (petit/vieux)
village.
*It is a (little/old)
village.*

C'est un village (typique/
magnifique).
*It is a (typical/
magnificent) village.*

C'est à … kilomètres
de (Paris).
It is … km from (Paris).

C'est une ville moyenne/
une grande ville.
*It is a medium-sized
town/a large town.*

C'est plus industriel.
It's more industrial.

C'est plus ennuyeux.
It's more boring.

Dans (mon quartier/
ma région) …
In (my area/my region) …

il y a beaucoup de/plein
de/pas mal de …
there are a lot of …

il n'y a pas de …	*there aren't any …*	**Le pour et le contre**	*For and against*
maisons individuelles	*detached houses*	plus ….que	*more….than*
maisons jumelées	*semi-detached houses*	moins…que	*less…than*
maisons mitoyennes	*terraced houses*	La ville est plus animée que la campagne.	*The town is livelier than the countryside.*
HLM	*blocks of flats*	La campagne est moins sale que la ville.	*The countryside is less dirty than the town.*
Il n'y a pas assez de …	*There's not enough …*		
Il y a trop de …	*There's too much/too many*	**L'environnement**	*The environment*
L'avantage, c'est que …	*One advantage is that …*	le centre de recyclage	*recycling centre*
L'inconvénient, c'est que …	*One disadvantage is that …*	les déchets	*rubbish*
D'un côté …, d'un autre côté …	*On the other hand …, on the other …*	Tout le monde jete les papiers par terre.	*Everyone throws rubbish on the ground.*
mais	*but*	la pollution	*pollution*
pourtant	*however*	les transports en commun	*public transport*
par contre	*on the other hand*		

Les fêtes — *Special days*

Nous on fête … le …	*We celebrate … on the … (date)*
Il y a …	*there is …*
un défilé	*a parade*
un marché	*a market*
un bal	*a ball*
un concert	*a concert*
un concours	*a competition*
des feux d'artifice	*fireworks*
un match de foot	*a football match*
un spectacle	*a show*
Noël	*Christmas*
Pâques	*Easter*
le 14 juillet	*Bastille Day*
On (danse / chante / mange / boit).	*We (dance/sing/eat/ drink).*
On s'amuse.	*We have fun.*
On se déguise en …	*We dress up as …*
On joue (à …)	*We play …*
On va (à …)	*We go (to) …*

Aux magasins

1 **Identifiez le prix dans l'annonce. (1–8)**
Identify the price in the advertisement.

> **C'est combien?**
> 100 cents =
>   un euro (€1)
> 100 pence =
>   une livre sterling (£1)

a €15,20
b PRIX €0,80 PRIX
c €45,70
d PRIX €0,50 PRIX
e €76
f €4,60
g €22,90
h €1,60
i PRIX €1,90 PRIX
j €0,15
k €0,20
l €0,90
m PRIX €7,60 PRIX
n PRIX €4,90 PRIX

2a **Identifiez les symboles pour les magasins.**
Identify the symbols.

Exemple: **a** *la parfumerie*

la pharmacie	le tabac	la confiserie	la poste
la boulangerie	la charcuterie	l'épicerie	
la pâtisserie	le supermarché	la parfumerie	

2b **Notez la lettre du bon symbole. (1–10)**
Write down the letter of the correct symbol.

Exemple: 1 **e**

2c **Trouvez un exemple de chaque sorte de magasin dans votre ville la plus proche.**
Find an example of each type of shop in your nearest town.

Exemple: Boots est une pharmacie.

3a Regardez les photos. Faites une liste des vêtements de chaque personne. Commencez par *'Il/elle porte …'*
Look at the photos. Make a list of each person's clothes.
Start with 'Il/elle porte …'

un anorak
un chapeau
des chaussettes
des chaussures
une chemise
un costume
une cravate
un imperméable
une jupe
un pantalon
un pull
une robe
une veste
un manteau

3b Qu'est-ce qu'ils veulent acheter? Notez le vêtement, la couleur et s'ils l'ont dans le magasin ✔ ou pas ✘. (1–6)
What do they want to buy? Note the item of clothing, the colour, and if they have it in stock or not.

Je voudrais …
Avez-vous …?
Je cherche …
C'est combien?
C'est tout?
Il n'y a plus de …

3c À deux. En français:
In pairs. In French:

A
● Bonjour, je peux vous aider?

● Quelle couleur?

● En quelle taille?

B
● Say you're looking for (*Je cherche …*)
 ; ?

● Say 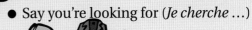 ; ?

● Say size 36; 40; ?

3d Faites une liste de quatre vêtements (+ couleur) pour chaque événement.
Make a list of four items of clothing (+ colour) for each occasion.

1 un match de foot   4 un mariage
2 des vacances à la mer   5 le collège
3 une boîte

Rappel

Remember to put the colour after the item, and to add -e for feminine clothes, -s for plural and -es for feminine plural.

1 *On fait un pique-nique*

Buying quantities of food

CHEZ SUPER M

eau minérale
€2,30
les 3 bouteilles

coca **€0,65**
la boîte

raisin blanc
€1,40 le kilo

lait 2 litres pour
€1,30

chips grand paquet
€0,85

yaourt nature
€1,60
les six pots

fromage Camembert
€1,80
(200 grammes)

baguettes
€0,50
la pièce

1a Ils paient combien? Notez
le prix. (1–8)

1b Regardez la publicité *Chez Super M.*
Complétez ces phrases avec une quantité.

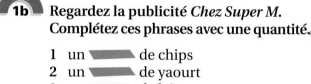

1 un ▰▰▰ de chips
2 un ▰▰▰ de yaourt
3 un ▰▰▰ de lait
4 200 ▰▰▰ de fromage
5 une ▰▰▰ de coca
6 un ▰▰▰ de raisin
7 une ▰▰▰ d'eau minérale

1c Formez des phrases logiques.

1	une boîte de	œufs
2	une bouteille de	bananes
3	une douzaine d'	mousse au chocolat
4	200 grammes de	jus d'orange
5	2 kilos de	pommes de terre
6	un litre de	soupe
7	un paquet de	fromage
8	un pot de	vin
9	un sac de	biscuits

Le détective

Quantities

After quantities, use de

Exemple: *a box of chocolates* = une boîte
de chocolats

lots of shops = beaucoup de magasins

Pour en savoir plus ➡ page 167, pt 2.3

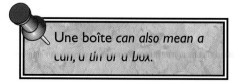

Une boîte *can also mean a
can, a tin or a box.*

2a Écoutez ces conversations à l'épicerie. (1–4) Notez les détails qui manquent.

> **Vendeuse:** Bonjour, monsieur. Vous désirez?
> **Client:** Avez-vous des **a** ?
> **Vendeuse:** Oui, combien en voulez-vous?
> **Client:** Donnez-moi **b** , s'il vous plaît.
> **Vendeuse:** Voilà. Et avec ça?
> **Client:** Je voudrais **c** de **d** , s'il vous plaît.
> **Vendeuse:** **c** de **d** , voilà. Voulez-vous autre chose?
> **Client:** Non, c'est tout. Ça fait combien?
> **Vendeuse:** Ça fait **e** .

 2b À deux. Répétez la conversation en utilisant les détails ci-dessous.

3a On fait un pique-nique. C'est la liste de qui?

1
6 bananes
un paquet de chips
2 croissants
200 grammes de camembert
une bouteille de coca

3
un paquet de chips
4 pommes
400 grammes de pâté
1 pain de campagne
une bouteille de coca

2
1 kilo de raisin
une baguette
chocolat
300 grammes de jambon
un litre de jus d'orange

4
3 pêches
3 croissants
300 grammes de pâté
un paquet de biscuits
une bouteille d'Orangina

Thomas   Yann

Marie-Claire   Juliette

 3b Préparez une liste pour un pique-nique pour votre classe entière.

Exemple: 6 baguettes
2 kilos de pâté …

2 Les fringues

Buffing clothes

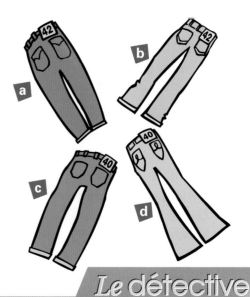

 1a Lisez la conversation. Qu'est-ce qu'elle achète?

**Bonjour, mademoiselle. Je peux
    vous aider?**
Je cherche <u>un jean</u>.
Quelle taille?
<u>**Taille 42**</u>.
Et quelle couleur?
<u>**Vert foncé**</u>**, s'il vous plaît.**
D'accord ... un moment ... voilà.
Est-ce que je peux l'essayer?
Bien sûr.
(5 minutes plus tard)
**Malheureusement il est <u>trop grand</u>.
    Avez-vous quelque chose de
    plus petit?**
Oui, ce jean est en <u>taille 40</u>.
Merci, je le prends.
Très bien, vous payez à la caisse.

Le détective

vert **foncé** = *dark green*
vert **clair** = *light green*
When you use foncé/clair *with a colour,
no endings are added to the colour word.*
   Exemple: des chaussettes vertes/
      des chaussettes vert clair

Pour en savoir plus ➡ page 174, pt 6.2

Il/Elle est trop grand(e)/petit(e)/long(ue)/
court(e)/large/étroit(e)/cher(ère)
Avez-vous quelque chose de plus petit/grand/
court etc?
Avez-vous quelque chose de moins cher?

 1b Choisissez les bonnes lettres pour
chaque conversation. (1–5)

When buying shoes, the word for size is **pointure**.

1c À deux. Répétez la conversation **1a** en
utilisant les détails ci-dessous.

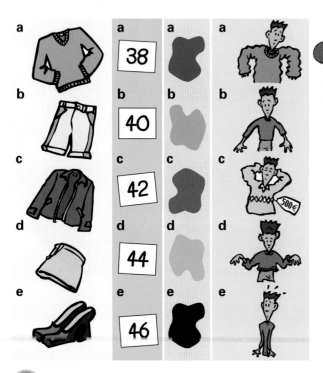

a	a	a	a
b	b	b	b
c	38	c	c
d	40	d	d
e	42	e	e
	44		
	46		

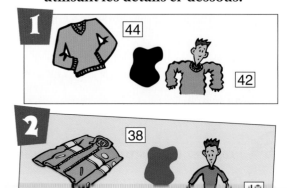

2 Faites correspondre la phrase et l'image.

1 Cette jupe est trop courte.
2 La couleur de cet anorak ne me plaît pas.
3 Il n'y a plus de ces chaussures.

4 Je préfère cette veste, mais il n'y en a pas en rouge.
5 Ce pyjama est beaucoup trop cher.
6 Ces baskets sont trop étroits.

3 Répondez à ces questions en anglais.

1 What colours of jumper are available? *(3)*
2 What are the trainers made of? *(1)*
3 I want a bikini. How much will it cost? *(1)*
4 How do I know what size trainers I should order? *(1)*
5 What is the jumper made of? *(1)*
6 What colour baseball caps can I get? *(4)*
7 Describe the tracksuit. *(4)*
8 Are the trainers suitable for inside and outside use? *(1)*

 **BOUTIQUE SPORT**

Le survêtement adulte bicolore

SANTORINI
Blouson: 2 poches zippées
Jogging: 2 poches côtés
100% polyester
€67,70.

Le bikini StTropez
2 pièces avec fines bretelles
Un prix unique pour toutes les tailles
€18,30

Le sweat capuche adulte essentiel
Poche kangourou.
100% coton
€43,50
 NPF

La casquette N·E·W·J·O·Y
Blanc, beige, gris ou noir
€14,50

Les baskets *voucher*
Pour joueurs sérieux ou occasionnels, sur tous terrains. Dessus cuir. Coussin d'air visible.
Commandez 1 pointure de plus que votre pointure normale.
€83

Le pull COL V
En vert clair, bleu clair ou bleu foncé
100% laine pure
€64,80

3 Au grand magasin

Shopping in a department store
Talking about pocket money

● ● ● ● ● ● ● ● ● ● ● ● ● ●

Au sous-sol
alimentation

Au rez-de-chaussée
accessoires parfumerie papeterie librairie
souvenirs

Au premier étage
vêtements pour
femme

Au deuxième étage
vêtements pour enfants
vêtements pour homme

tout pour la
maison
maison des
cadeaux

Au troisième étage
jouets
musique
électroménager/photo
bureau de change

GALERIES LAFAYETTE

PARLER

1a À tour de rôle. C'est à quel étage?

Exemple: ● *Je cherche une robe.*
         ● *C'est au premier étage.*

1 Je cherche une robe.
2 Où est le rayon des CD?
3 Je voudrais acheter une carte
   d'anniversaire française.
4 Où sont les parapluies, s'il vous plaît?

5 Vous vendez des magnétoscopes?
6 Je voudrais changer des chèques de voyage.
7 Où est-ce qu'on peut acheter des
   provisions pour un pique-nique?
8 Je cherche un appareil-photo.

ÉCOUTER

1b Identifiez le rayon du magasin. (1–8)

Exemple: **1** *vêtements pour enfants.*

Sondage aux Galéries Lafayette: qu'est-ce que tu fais de ton argent de poche?

Je reçois de l'argent de poche de mes parents. J'ai €5 par semaine. Normalement avec mon argent j'achète des bonbons, des cadeaux et des magazines d'ordinateur mais maintenant je fais des économies parce que je vais m'acheter un téléphone portable et ça va me coûter cher. Je trouve que j'ai assez d'argent de poche, parce que mes parents me paient mes vêtements et mes tickets de bus.

Olivier, 16 ans.

Moi, je reçois €6 par semaine de mes parents. J'achète des magazines et plein de romans mais pas mes vêtements. La semaine dernière je suis allée au cinéma et j'ai acheté aussi un jeu-vidéo. À la fin de la semaine, il me reste assez d'argent pour faire des économies – c'est pour des cadeaux de Noël.

Audrey, 16 ans.

Je viens souvent en ville pour dépenser mon argent de poche. Je reçois €30 par mois de ma mère. Ce que j'aime acheter le plus, ce sont les vêtements. J'ai le droit de choisir ce que je veux, mais je dois les payer toute seule – le week-end dernier j'ai acheté une jupe, mais ça a coûté €22,90! Ma mère m'achète des chaussures pour le collège, et c'est tout. J'achète aussi des bijoux, du maquillage, et des magazines de mode. Je fais des économies pour un appareil-photo. J'aimerais avoir un peu plus d'argent par mois, parce que les vêtements coûtent très cher.

Angélique, 15 ans.

Mon père me donne €20 par mois. Ça ne me suffit pas. Je dois payer tout, y compris mes vêtements. Ce trimestre mon père m'a acheté le matériel pour le collège: mes cahiers, mes livres, mes crayons et le reste, mais c'était à moi d'acheter mes vêtements. Je trouve que ce n'est pas juste. J'aimerais acheter une moto mais je ne peux pas faire d'économies car je n'ai pas assez d'argent.

Yann, 15 ans.

LIRE 2a Qui …

1 a payé €22,90 pour une jupe?
2 achète beaucoup de livres?
3 achètera un téléphone portable?
4 reçoit le plus d'argent de poche?
5 font des économies?
6 ne sont pas contents de leur argent de poche?
7 achètent des magazines?
8 doivent acheter leurs vêtements?

LIRE 2b Dans la lettre d'Olivier, trouvez le français pour:

1 I get pocket money from …
2 I have … per week
3 With my money I buy …
4 I am saving up because …
5 I get enough pocket money.
6 My parents pay for …

ÉCRIRE 2d Préparez un paragraphe sur votre argent de poche (réel ou imaginaire).

ÉCOUTER 2c Copiez et complétez la grille en français. (1–5)

	Prénom	combien?	quand?	de qui?	achète?
1	Jacques	€6,85	par semaine	mes parents	jeux électroniques, …

Je reçois … par semaine.
J'achète …
Le week-end dernier j'ai acheté …
Je fais des économies.
J'aimerais acheter …

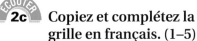

4 À la poste et à la banque

Sending letters and parcels, and exchanging currency

une lettre
une carte postale
un paquet
un timbre
la boîte aux lettres
la cabine téléphonique

 1a Qui parle? (1–6)

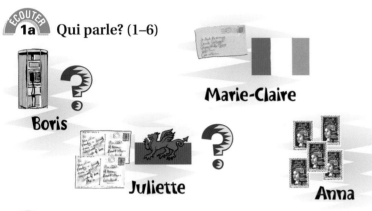

Boris

Marie-Claire

Yann

Juliette

Anna

Thomas

1b À deux. Répétez cette conversation.

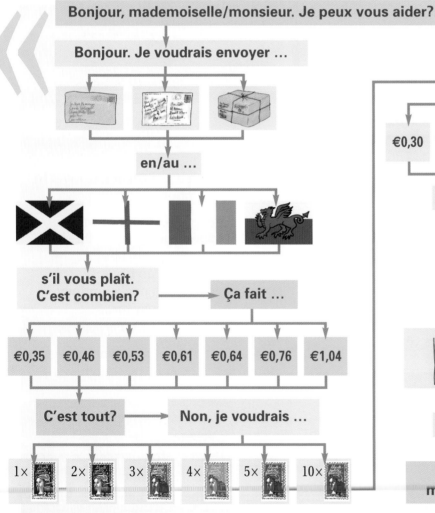

Bonjour, mademoiselle/monsieur. Je peux vous aider?

Bonjour. Je voudrais envoyer …

en/au …

s'il vous plaît. C'est combien? → **Ça fait …**

€0,35 €0,46 €0,53 €0,61 €0,64 €0,76 €1,04

C'est tout? → **Non, je voudrais …**

1× 2× 3× 4× 5× 10×

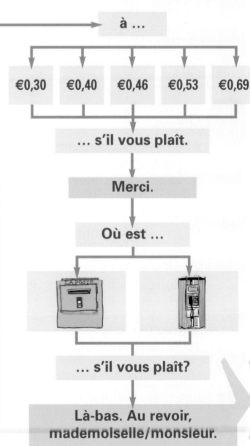

à …

€0,30 €0,40 €0,46 €0,53 €0,69

… s'il vous plaît.

Merci.

Où est …

… s'il vous plaît?

Là-bas. Au revoir, mademoiselle/monsieur.

2 Mettez les instructions dans le bon ordre.
Puis écoutez pour vérifier vos réponses.

 **a** attendez la tonalité

b décrochez

c parlez à votre correspondant(e)

 **d** introduisez votre télécarte ou votre pièce

e retirez la télécarte

f raccrochez

g composez le numéro

3a Écoutez la conversation à la banque et trouvez les bonnes réponses.

1 Je peux vous aider?
2 Avez-vous une pièce d'identité?
3 Quelle sorte de billets voulez-vous?
4 Voulez-vous de la monnaie aussi?

a *Je veux bien, est-ce que je peux avoir quelques pièces d'un cent?*

b *Donnez-moi des billets de €100, s'il vous plaît.*

c *Je voudrais changer des chèques de voyage, s'il vous plaît.*

d *Oui, voici mon passeport.*

3b Identifiez l'argent reçu par chaque client. (1–5)

 **a**

 **b**

 **c**

 **d**

 **e**

3c À deux. En français:

A
- Je peux vous aider?

- Avez-vous une pièce d'identité?
- Quelle sorte d'argent voulez-vous?

B
- Say you want to change some traveller's cheques
- Say here is your passport
- Say you would like some €50 notes and some 10 cent coins

 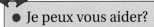

4 Copiez et complétez la grille en anglais. (1–6)

	Wants?	Problem?
1	change traveller's cheques	passport at home

Entraînez-vous Entraînez-vous Entraînez-vous Entraînez-vous Entraînez-vous

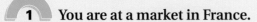

 Jeux de rôles

 1 You are at a market in France.

A

- Bonjour, vous désirez?
- Combien en voulez-vous?
- Très bien
- €1,80
- De rien. Au revoir

B

- Say you would like one of these things: carrots; tomatoes; potatoes
- Say how much you would like: 500g; 1kg; 2kg
- Ask how much that will cost
- Say thank you

 2 You are in a clothes shop in France.

A

- Je peux vous aider?
- Oui, monsieur/mademoiselle. Quelle taille et quelle couleur?
- Ça coûte €83
- La qualité est très bonne, vous savez
- D'accord, au revoir

B

- Say you are looking for trousers; a jumper; a coat
- !
- Say that's too expensive
- Say you will not buy the item

 3 Talk for 1 minute about money. Make yourself a cue card.

Je reçois … par semaine de mon/ma…
J'achète des …
Je fais des économies pour …
Récemment j'ai acheté …
À la maison je (passe l'aspirateur)
Je fais du babysitting/Je travaille dans un(e)…
J'aimerais acheter …

Your examiner may ask …

Tu as acheté des cadeaux récemment?

Est-ce que tu reçois assez d'argent de poche?

Fais-moi la description de ton uniforme scolaire idéal.

Tu es sorti(e) le week-end dernier? Qu'est-ce que tu as porté?

Le détective

The conditional tense means **would**, **Exemple:** j'achèterais *I would buy.*

Pour en savoir plus ➡ page 171, pt 3.7

While you are thinking of an answer, you can say Eh bien, … *(Well,…),* Mmmm, voyons … *(Let's see,…), or* C'est une question intéressante … *(That's an interesting question…)*

Try to vary the types of sentence you use. Use these words to join your sentences:
parce que   car   mais   et   donc
qui   puis   ensuite   tandis que

1 Prepare a detailed shopping list. Imagine you are going into town at the weekend and think of four shops you will visit. For each shop write a sentence saying:

● the shop's name
● what type of shop it is
● at least 3 things you are going to buy there
● why you are going to buy 1 of the items

Exemple:

Ce week-end, je vais aller à 'Oh la vache!'. C'est une charcuterie. Sur ma liste, il y a 500 grammes de pâté, du jambon et une pizza. Je vais acheter une pizza parce que ma sœur adore la pizza.

2 Write an account of what you did when you won the Lottery.

Introduction
Say when and where you bought your ticket for the lottery, and how much you won.

Paragragh 1
Say what you bought with some of the money, who you bought things for, why you bought those things, and your opinions about what you bought.

Paragraph 2
Write about something you did with some of the money (a special trip? a holiday?) and give your opinion about it.

Paragraph 3
Write about what you will do with the rest of the money. Mention your future plans.

Conclusion
Say whether or not you are happy now because you won the lottery and why.

> J'ai acheté mon billet de loterie…
> J'ai gagné

> J'ai acheté …
> pour mon/ma …
> parce que …

> *Use the perfect tense*

> Avec le reste de mon argent …
> *Use the near future tense*

> Maintenant je suis …

En vacances

1a Complétez la phrase avec le bon pays. Ensuite faites correspondre les phrases avec les lettres sur la carte.
Complete the sentence with the right country. Then match the sentences with the letters on the map.

Exemple: 1 Rome est la capitale de l'Italie (i).

2 Lisbonne est la capitale du ▬▬▬ .
3 Berne est la capitale de la ▬▬▬ .
4 Londres est la capitale de la ▬▬▬ .
5 Athènes est la capitale de la ▬▬▬ .
6 Paris est la capitale de la ▬▬▬ .
7 Berlin est la capitale de l'▬▬▬ .
8 Madrid est la capitale de l'▬▬▬ .
9 La Haye est la capitale de la ▬▬▬ .
10 Bruxelles est la capitale de la ▬▬▬ .

l'Europe
la Grande-Bretagne
l'Allemagne
l'Espagne
la France
la Grèce
l'Italie
la Belgique
la Hollande
la Suisse
le Portugal
les États-Unis

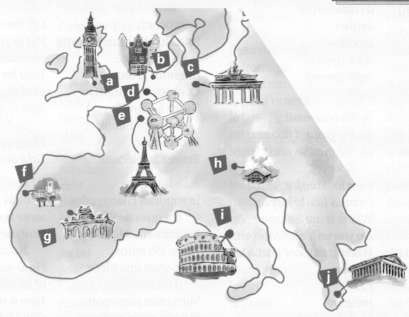

1b À deux. Demandez à votre partenaire où est-ce qu'il/elle passe ses vacances.
In pairs. Ask your partner where he/she is spending his/her holidays.

Exemple:

● *Où est-ce que tu passes tes vacances?*
● *Je passe mes vacances aux États-Unis.*

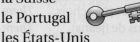

Le détective

Countries
in + name of country = en
Exemple: en France
Exceptions: au Portugal, au Canada, au pays de Galles, aux États-Unis

Pour en savoir plus ➡ page 178, pt 8.3

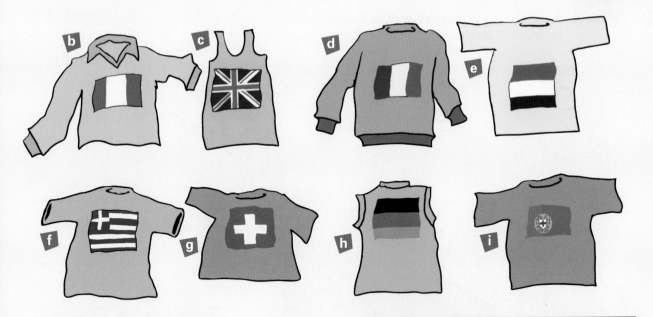

Où est-ce que tu passes tes vacances?

Je passe mes vacances | en Espagne
au Portugal
aux États-Unis

1c **Notez le pays qu'ils préfèrent. (1–8)**
Note the country they prefer.

2 **Identifiez le pays.** *Identify the country.*

Exemple: **1** *l'Italie*

 J'aime beaucoup la cuisine italienne.

2 Le chocolat suisse est vraiment délicieux!

3 La campagne française est très jolie.

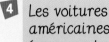 Les voitures américaines sont énormes, tu sais!

5 Les restaurants grecs sont sympas.

 Ce que j'aime bien, c'est les garçons allemands …

7 Le temps britannique est plutôt pénible.

8 On fait du vélo tous les jours: les routes hollandaises sont très plates, heureusement!

allemand
américain
belge
britannique
espagnol
français
grec
hollandais
italien
portugais
suisse

ÉCRIRE

3a Regardez les images et écrivez le temps.
Look at the pictures and write down the weather.

 a
b
c
 d
e
f
g
h

Quel temps fait-il?

il fait beau

il fait mauvais

il fait chaud

il fait froid

il y a du vent

il y a du brouillard

il pleut

il neige

ÉCOUTER

3b Notez le pays et le temps. (1–8)
Note the country and the weather.

ÉCRIRE

3c À deux. Écrivez un temps pour chaque ville EN SECRET.
Demandez à votre partenaire le temps pour chaque ville.
In pairs. Write down what the weather is like for each town in secret. Ask your partner what the weather is like in each town.

Exemple: ● À Calais, il pleut?
● Non.

Le détective

To say **in** Paris etc use à
à Paris = *in Paris*
à Calais = *in Calais*

Pour en savoir plus ➡
page 178, pt 8.3

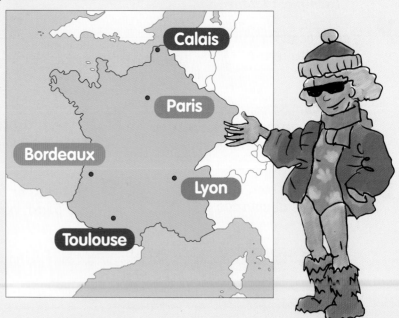

Calais

Paris

Bordeaux

Lyon

Toulouse

4 **Écrivez 2 ou 3 temps pour chaque saison.**
Write down 2 or 3 kinds of weather for each season.

Exemple: En été, il fait beau, …

en été
en automne
en hiver
au printemps

5 **Écoutez la météo et choisissez le bon symbole.**
Listen to the weather report and choose the right symbol.

Dans le centre

Dans le nord

Dans le sud-est

Dans le sud

Dans le nord-est

Dans le sud-ouest

6 **À deux. À tour de rôle. Regardez la carte et présentez la météo!**

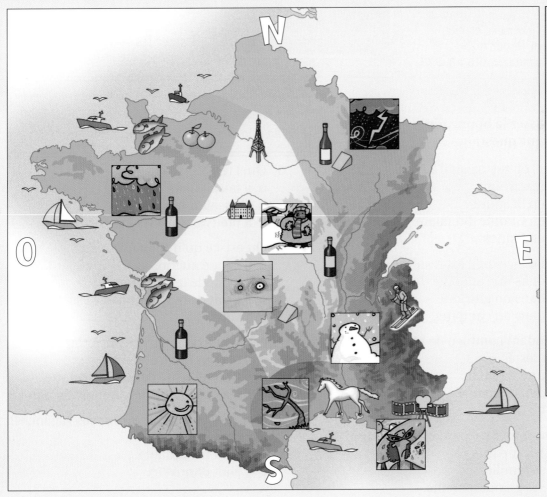

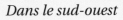

Dans

le nord-ouest
le nord-est
le centre
le sud-ouest
le sud-est
le sud

il fera
beau
mauvais
chaud
froid
du soleil

il y aura
du brouillard
du vent

il pleuvra
il neigera

1 L'année dernière ...

Saying what you did on holiday last year

●●●●●●●●●●●●●●●●●●●●●●

mes parents sont venus nous voir avec leur chien, Rococo. On a joué au foot ensemble.

On a fait plein d'activités. On est allé à la plage tous les jours pour se baigner, car il faisait du soleil et très chaud: 25 degrés. Un jour, j'ai appris à faire de la planche à voile, mais c'était très difficile.

L'année dernière, au mois d'août, j'ai passé mes vacances au bord de la mer. On est allé à Carnac, en Bretagne, où on a loué une maison. On y est resté pendant 15 jours. Il y avait un grand jardin.

J'y suis allé avec ma famille: mon père, ma mère et mes deux sœurs. Pendant la deuxième semaine, des amis de

On est allé au marché à Carnac où j'ai acheté des souvenirs, et on a vu les pierres levées. C'était impressionnant de voir ça.

Mes vacances étaient vraiment chouettes, et j'aimerais y retourner l'année prochaine, mais cette fois-ci, avec des copains, pas avec ma famille. Passer les vacances avec sa famille, c'est ennuyeux.

> *Try not to jump to conclusions because you spot one familiar word. Read the words round about and try to work out what the whole sentence means.*

1a Choisissez la bonne réponse à chaque question.

1 Luc, où est-ce qu'il a passé ses vacances l'été dernier?
   a en Belgique
   b en Grande-Bretagne
   c en France

2 Où est-ce qu'il est resté?
   a dans une auberge de jeunesse
   b dans un gîte loué
   c dans un camping

3 Pendant combien de temps est-ce qu'il est resté?
   a une semaine
   b deux semaines
   c un mois

4 Avec qui est-il parti en vacances?
   a ses copains
   b sa famille
   c ses grands-parents

5 Quel temps faisait-il?
   a il faisait beau
   b il faisait mauvais
   c il pleuvait tous les jours

6 Qu'est-ce qu'il a fait à la plage?
   a il a joué au foot
   b il a fait de la planche à voile
   c il a fait de la natation et de la planche à voile

7 Qu'est-ce qu'il n'a pas fait à Carnac?
   a il n'a pas fait d'achats
   b il n'a pas visité de site historique
   c il n'a pas fait de promenade en bateau

8 Quelle est son opinion sur ses vacances?
   a c'était barbant
   b c'était formidable
   c c'était ennuyeux

1b Copiez et complétez la grille en français. (1–6)

	où?	avec qui?	resté où?	combien de temps?	temps?	opinion?
1	Belgique	copains	gîte	une semaine	beau	super

 2a Dites des phrases complètes.

1 D'habitude, **je passe** mes vacances

avec ma , mais
l'année dernière, **j'ai passé** mes

vacances avec mes .

2 Normalement, **je vais**

,

mais l'année dernière, (**aller**)

.

3 D'habitude, **je passe** mes vacances

dans 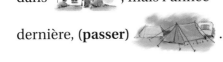, mais l'année

dernière, (**passer**) 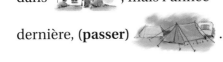.

4 Normalement, **je joue** ,

mais l'année dernière, (**jouer**)

.

5 D'habitude, **je vais** , mais

l'année dernière, (**faire**) .

L'année dernière	
je suis allé(e)*	en vacances
j'ai passé	mes vacances en Espagne avec ma famille/mes copains au bord de la mer/à la campagne
je suis resté(e)*	chez moi
j'ai passé	une semaine quinze jours un mois
j'ai passé mes vacances	dans un gîte/hôtel/ camping/appartement
j'ai joué	au tennis/volley
j'ai fait	de la voile/du vélo
j'ai visité	
c'était	fantastique/ennuyeux/ super/extra
il faisait	beau/mauvais
*two key holiday verbs which take être in the perfect tense	

 2b Écrivez un paragraphe sur vos vacances de l'année dernière.

Exemple: L'année dernière
je suis allé(e) …

Le détective

Imperfect tense
The imperfect tense is used to describe what things were like in the past.
Exemple:
Il y avait un grand jardin
= *There was a big garden.*

Il faisait beau = *The weather was sunny.*
C'était très difficile = *It was very difficult.*
Learn these expressions off by heart:
c'était = *it was*
il y avait = *there was/were*
il faisait (+ *weather*) = *the weather was …*

Pour en savoir plus ➡ page 170, pt 3.4

2 Au syndicat d'initiative

Dealing with tourist information
●●●●●●●●●●●●●●●●●●●

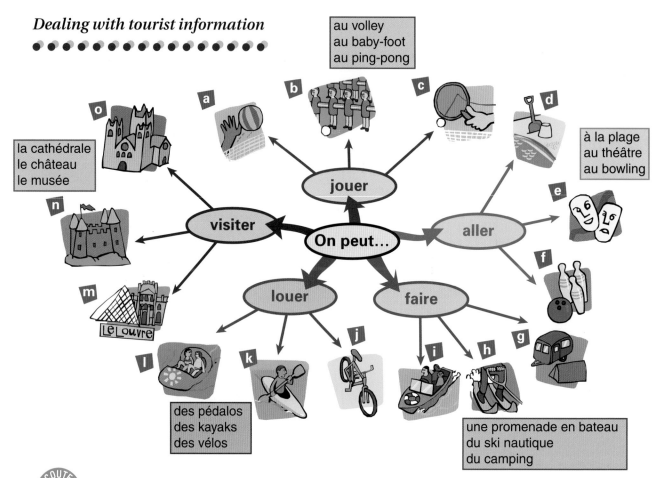

au volley
au baby-foot
au ping-pong

à la plage
au théâtre
au bowling

la cathédrale
le château
le musée

jouer

visiter

On peut…

aller

louer

faire

des pédalos
des kayaks
des vélos

une promenade en bateau
du ski nautique
du camping

1a Qu'est-ce qu'on peut faire dans ces villes? Notez les bonnes lettres. (1–5)

1b Écrivez une phrase complète pour dix images.

*Exemple: **a** On peut jouer au volley.*

2a Écoutez la conversation au syndicat d'initiative, et remplissez les blancs.

une carte

bonnes vacances

une liste de restaurants

un plan de la ville

une liste des distractions

un dépliant

une liste d'hôtels

Touriste:	Bonjour, madame. Je voudrais **a** , s'il vous plaît.
Employée:	Oui, voilà. C'est gratuit. Je vous donne **b** sur notre ville, aussi, et **c** de la région.
Touriste:	Avez-vous **d** , madame?
Employée:	Oui, voilà. Il y a **e** là-dedans aussi.
Touriste:	Merci beaucoup, madame. Qu'est-ce qu'on peut faire ici?
Employée:	Il y a **f** dans cette brochure.
Touriste:	Est-ce qu'on peut jouer au golf?
Employée:	Oui, il y a un terrain de golf à 5 kilomètres, **g** !

2b À deux. En français:

B

A

- Bonjour, vous désirez?
- Voilà, c'est tout?
- Bien sûr, je vais vous montrer sur le plan
- De rien

- Ask for a town plan; a list of restaurants; a brochure
- Say no, then ask if you can ; ;
- Say thank you

Bienvenue à Royan: La Perle de l'Océan

Visitez Royan, station balnéaire sur la côte Atlantique .

Histoire de Royan

Au début du Moyen Âge, Royan était un petit port de pêche.

Au XIXè siècle, Royan attirait de plus en plus de monde. Des artistes parisiens ont rendu la ville à la mode.

En 1944, les bombardements alliés ont ruiné la ville. Sa reconstruction lui a donné une nouvelle vie. Et aujourd'hui, Royan est la capitale de la côte de Beauté.

À voir, à visiter...

Musée de Royan – Hôtel de Ville.
Visites: *mardi–vendredi de 14h à 18h*
Centre Marin – Place Foch. Ouverture: *toute l'année sauf dimanche et jours fériés*
Le zoo de la Palmyre – 6 avenue de Royan, La Palmyre. *Ouvert du 1/4 au 30/9 de 9h à 19h.*

Sports et Loisirs

Il existe beaucoup de possibilités sportives pour ceux qui passent leurs vacances à Royan, y compris tennis, squash, piscines, golf, équitation, plongée, parachutisme et aviation, et planche à voile (location d'équipement sur place).

3a Répondez aux questions en anglais.

1	Where is Royan situated?	*(1)*
2	What sort of town was Royan in the Middle Ages?	*(1)*
3	What happened to Royan in 1944?	*(1)*
4	When is the museum open?	*(2)*
5	Which sports are available?	*(9)*
6	When is the *Centre Marin* closed?	*(2)*
7	What can you hire equipment for?	*(1)*
8	When can you visit the zoo?	*(2)*

3b Écoutez les questions de ces touristes à Royan. Répondez Oui ou Non. (1–8)

3 À l'hôtel

Booking in at a hôtel

● ● ● ● ● ● ● ● ● ● ●

1 Notez les détails pour chaque conversation. (1–4)

a La sorte de chambre

❶ une chambre pour une personne

❷ une chambre double

❸ une chambre pour deux personnes avec deux petits lits

❹ une chambre de famille

b Ce qu'il y a dans la chambre

❶ une salle de bains

❷ une douche

❸ des W-C

❹ un balcon

❺ une vue sur la mer

c La durée du séjour

❶ 1/2/3 nuit(s)

❷ 7 une semaine

❸ 15 quinze jours

d Ce qu'ils veulent à l'hôtel

❶ un restaurant ❷ un parking ❸ un ascenseur ❹ une piscine

2a Lisez la lettre de Janet. Qu'est-ce qu'elle veut réserver?

Monsieur,

Je vous écris pour réserver des chambres dans votre hôtel.

Je voudrais réserver deux chambres: une chambre double pour deux personnes avec un grand lit et salle de bains, et une chambre pour deux personnes avec deux petits lits et une douche. Nous voudrions rester pour deux nuits, du 29 au 31 juillet.

Est-ce qu'il y a un restaurant à l'hôtel?

Voudriez-vous bien confirmer ma réservation, s'il vous plaît. Nous espérons arriver à l'hôtel vers 20h, le 29 juillet.

Je vous prie d'agréer, monsieur, l'expression de mes sentiments distingués.

Janet Crook

2b Écrivez deux lettres en utilisant la lettre de Janet.

a 5 🌙 mai 1–6 19:00 ?

b 7 🌙 août 15–22 15:30 ?

3 À deux. Entraînez-vous.

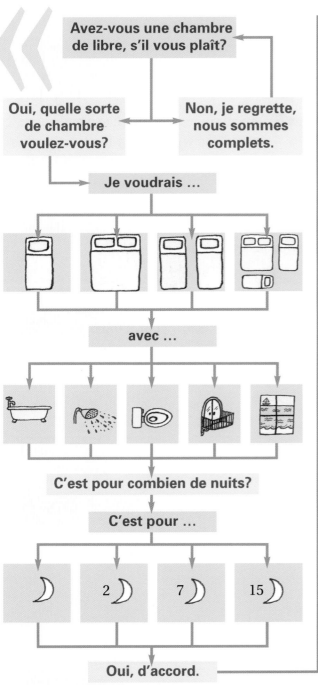

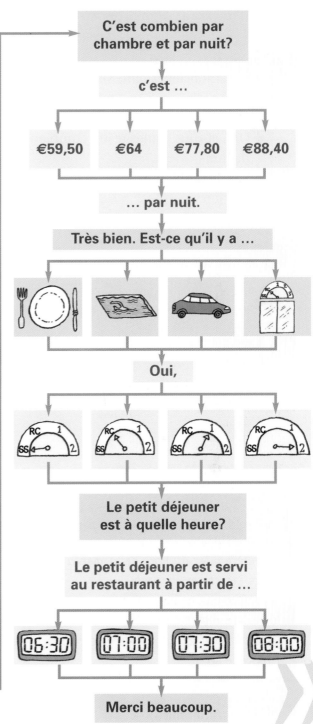

4 Copiez et complétez la grille en anglais. (1–5)

	Accommodation	Reason(s)
1		

Jeux de rôles

1 You are at a hotel, booking accommodation.

 A

- Oui, monsieur/mademoiselle, je peux vous aider?
- D'accord
- Oui, et vous voulez rester combien de nuits?
- Pas de problème
- De rien

B

- Say you would like a room with: ; ;
- Say you would also like a bathroom
- Say you want to stay for 2; 4; 7 nights
- Say thank you

2 You are at the tourist information office in a French town.

 A

- Je peux vous aider?
- Voilà
- Non, je regrette
- La rivière est jolie. Vous avez déjà visité la France?
- Très bien

B

- Ask for one of these things: a brochure; a map; a town plan
- Ask if there is a cinema
- Ask where you can go for a walk*
- !

*faire une randonnée   *to go for a walk*

 3 Talk for 1 minute about your favourite kind of holiday. Make yourself a cue card.

Je préfère aller au bord de la mer/à l'étranger.

Je préfère rester chez moi.

Je préfère passer mes vacances avec …

Je préfère rester dans …

J'aime aller à la plage/faire des randonnées.

J'adore le soleil.

Your examiner may ask …

Qu'est-ce que tu fais pendant les vacances?

Tu as visité la France? Parle-moi de ton séjour.

Qu'est-ce que tu fais normalement pendant les vacances de Pâques?

Qu'est-ce que tu vas faire l'année prochaine?

Holidays is an ideal topic to practise past, present and future tenses so listen carefully to your teacher's questions, and try to answer with the correct form of the verbs.

1 Write a postcard from your holidays. Imagine you are there now.

> Say where you are, and how long for.
> Say where you are staying, and what it is like. (Je passe mes vacances dans un hôtel. C'est fantastique.)
> Say what the weather is like.
> Say some of the things you have been doing: Sports? Visiting places? Eating out?, etc. (J'ai joué/fait/visité/mangé ... Je suis allé(e) ...)
> Mention some of the souvenirs you have bought and who they are for. (J'ai acheté ... pour mon/ma ...)
> Say what you think of your holiday so far (great? boring?). (C'est super/ennuyeux.)
> Sign off.

2 Write a description of your holiday last year. You can base your account on photos or on a brochure of a region in France. Use your imagination and remember, you do not have to tell the truth!

Introduction
  Say where you went, and describe the town/village and its location.
  (Look back at Module 5 for help. If you have a brochure about where you went, include some pictures from this.)
Paragraph 1
  Say where you stayed. Say why you like this sort of accommodation.
  (Be careful about your perfect tense verbs and include some phrases to express your opinion.)

J'ai passé mes vacances dans (un gîte). C'était ...
confortable   *comfy*
pratique   *practical*

Paragraph 2
  Say who you went with and how long you stayed.
  Give opinions: do you like going with parents/friends/etc? Why (not)? (J'aime aller en vacances avec ... C'est ...)
Paragraph 3
  Describe what you did on holiday. (Your verbs should be in the perfect tense. See page 95 for help.)
Paragraph 4
  Say if you would like to go back to that place again, and why or why not.
  (Je voudrais + infinitive)
Conclusion
  Say where you are going to go for your holidays next year, who with, for how long and what you will do.

Use these words to start some of your sentences:
d'abord   après   finalement
souvent   quelquefois de temps en temps
cependant   pourtant

l'année prochaine   *next year*
Je voudrais + *infinitive*   *I would like to*
Use the near future to say what you will do.

Mots

Les pays	Countries
l'Allemagne (f)	Germany
l'Amérique (f)	America
la Belgique	Belgium
le Canada	Canada
l'Espagne (f)	Spain
les États-Unis (mpl)	United States
la France	France
la Grande-Bretagne	Great Britain
la Grèce	Greece
la Hollande	Holland
l'Irlande (f)	Ireland
l'Italie (f)	Italy
le Portugal	Portugal
la Suisse	Switzerland
l'Europe (f)	Europe

Où est-ce que tu passes tes vacances?	Where do you spend your holidays?
Je passe mes vacances …	I spend my holidays …
… en France	in France
… au Portugal/Canada	in Portugal/Canada
… aux États-Unis	in the United States

Les nationalités	Nationalities
Je suis …	I am …
Il/Elle est …	He/She is …
américain(e)	American
belge	Belgian
britannique	British
canadien(ne)	Canadian
espagnol(e)	Spanish
français(e)	French
grec(que)	Greek
hollandais(e)	Dutch
irlandais(e)	Irish
italien(ne)	Italian
portugais(e)	Portuguese
suisse	Swiss

Le temps	The weather
Il fait beau.	It is good weather.
Il fait mauvais.	It is bad weather.
Il fait chaud.	It is hot.
Il fait froid.	It is cold.
Il y a du brouillard.	It is foggy.
Il y a du vent.	It is windy.
Il neige.	It is snowing.
Il pleut.	It is raining.

dans …	in …
… le nord-ouest/nord-est	… the North-West/North-East
… le centre	… the centre
… le sud-ouest/sud-est	… the South-West/South-East
Il fera beau/mauvais.	It will be good/bad weather.
Il fera chaud/froid.	It will be hot/cold.
Il fera du soleil.	It will be sunny.
Il neigera.	It will snow.
Il pleuvra.	It will rain.
Il y aura du brouillard/du vent.	It will be foggy/windy.

L'année dernière	Last year
Je suis allé(e) en vacances.	I went on holiday.
J'ai passé mes vacances…	I spent my holidays …
… en Espagne	… in Spain
… avec ma famille/mes copains	… with my family/my friends
Je suis resté(e) chez moi.	I stayed at home.
J'ai fait du camping.	I went camping.
J'ai passé mes vacances dans un gîte/un hôtel.	I spent my holidays in a guesthouse/hotel.
une auberge de jeunesse	a youth hostel
J'y ai passé (une semaine/dix jours).	I spent (a week/10 days) there.
J'ai joué (au tennis/au volley).	I played (tennis/volleyball).
J'ai fait (de la voile/du vélo).	I went (sailing/cycling).
J'ai visité (un musée).	I visited (a museum).
C'était (fantastique/super/extra).	It was (fantastic/super/amazing).
C'était ennuyeux.	It was boring.
Il faisait (beau/mauvais).	The weather was (good/bad).

Les saisons	The seasons
en été	in summer
en automne	in autumn
en hiver	in winter
au printemps	in spring

Au syndicat d'initiative	*At the tourist information office*
Vous désirez?	*What would you like?*
Je voudrais … s'il vous plaît.	*I would like … please.*
une brochure	*a brochure*
un dépliant	*a leaflet*
une carte	*a map*
une liste des distractions	*a list of things to do*
un plan de la ville	*a town plan*
C'est gratuit.	*It's free.*
Je vais vous montrer sur le plan.	*I will show you on the map.*

Activités	*Activities*
Qu'est-ce qu'on peut faire ici?	*What is there to do here?*
Est-ce qu'on peut (jouer au volley)?	*Can you (play volleyball)?*
On peut …	*You can …*
aller à la plage/au théâtre	*go to the beach/theatre*
jouer au ping-pong/au volley	*play ping-pong/volleyball*
jouer au babyfoot	*play table-football*
faire du ski nautique/du camping	*go water-skiing/camping*
faire une promenade en bateau	*go on a boat trip*
vister la cathédrale/le château	*visit the cathedral/castle*

À l'hôtel	*At the hotel*
Avez-vous une chambre de libre?	*Have you got a room free?*
Non, nous sommes complets.	*No, we are full up.*
Quelle sorte de chambre voulez-vous?	*What sort of room would you like?*
Je voudrais …	*I would like …*
une chambre pour une personne	*a single room*
une chambre double/de famille	*a double room/family room*
une chambre pour deux personnes	*a twin room*
avec …	*with …*
balcon	*a balcony*
douche	*a shower*
salle de bains	*a bathroom*

vue sur la mer	*a seaview*
W-C	*a toilet*
C'est pour combien de nuits?	*How many nights is it for?*
C'est pour (deux) nuits.	*It's for (two) nights.*
C'est combien par chambre et par nuit?	*How much is it per room per night?*
Est-ce qu'il y a (un restaurant/une piscine/un parking/un ascenseur)?	*Is there (a restaurant/ swimming-pool/ carpark/lift)?*
(Le petit déjeuner) est à quelle heure?	*What time is (breakfast)?*
(Le petit déjeuner) est servi à partir de …	*(Breakfast) is served from …*

Bienvenue en France!

1 **Faites correspondre les bulles et les images, puis mettez les bulles dans le bon ordre. (1–7)**
Match each speech bubble with the right picture, then put the bubbles in the right order.

a As-tu faim?

b Entre, et assieds-toi! Es-tu fatiguée?

c As-tu soif?

d Voici ta chambre. Bonne nuit!

e As-tu besoin d'une serviette, de savon ou de dentifrice?

f Bonjour, et bienvenue en France!

g Je te présente ma mère, Cathérine, et mon père, René.

2a **Trouvez l'expression qui correspond.**
Find the matching expression.

Good luck!
Have a nice holiday!
Happy New Year!
Enjoy your stay!
Good evening!

Have a good weekend!
Have a good trip!
Have a nice day!
Happy birthday!
Happy Saint's Day! *

> Bonsoir!
> Bon anniversaire!
> Bonne fête!
> Bon week-end!
> Bon voyage!
> Bonne année!
> Bonne chance!
> Bon séjour!
> Bonnes vacances!
> Bonne journée!

> *Many common first names have a Saint's Day linked with them. On this day, French children may receive a card and presents, and be told 'Bonne fête!'*
> **Exemple:** la Saint Nicolas – le 6 décembre

2b C'est quelle image? (1–6)
Which picture is it?

Exemple: 1–e

3a C'est quel appartement? (1–5)
Which flat is it?

APPARTEMENTS À LOUER

44, rue de la Paix – cuisine, salle de séjour, 2 chambres, salle de bains

2, avenue Clemenceau – cuisine, salon, salle à manger, 3 chambres, salle de bains

16, rue du Stade – cuisine, salon, 3 chambres, salle de bains

15, boulevard de l'Abbaye – cuisine, salon, W-C, 3 chambres, salle de bains

3, place du 11 novembre - cuisine, salle de séjour, salle à manger, W-C, 4 chambres, 2 salles de bains

une maison
un appartement
une pièce
le salon
la salle de séjour
la salle à manger
la salle de bains
la chambre
la cuisine
les W-C

3b Complétez les blancs dans cette lettre. Choisissez les mots dans la case.
Fill in the blanks in this letter with one of the words from the box.

une	salle	pièces	Lyon
maison	numéro	manger	
premier	bonjour	trois	

▰▰▰ , j'habite à ▰▰▰ dans une petite ▰▰▰ . Mon adresse, c'est 53, rue de la Poste. Dans ma maison, il y a sept ▰▰▰ . Au rez-de-chaussée il y a un salon, une salle à ▰▰▰ , et ▰▰▰ cuisine. Au ▰▰▰ étage, il y a ▰▰▰ chambres et la ▰▰▰ de bains.

Sam

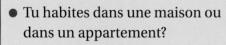

3c À deux. En français:
In pairs. In French:

A

- Tu habites dans une maison ou dans un appartement?
- Il y a combien de pièces?
- Quel est ton adresse?
- Comment s'écrit le nom de ta ville?

B

- J'habite ... ; ... .
- Say 4; 8; ?
- 5, Rue de l'abbaye, Pau ☐   3, avenue Charles de Gaulle, Lille ☐   ? ☐
- P ..A ..U ..; L ..I ..L ..L ..E ..; ?

3d Complétez le texte pour là où vous habitez.
Complete the text for where you live.

Bonjour, j'habite à … dans une maison/un appartement/ …
Mon adresse, c'est …
Dans ma maison, il y a … pièces. Au … étage il y a …

4a À deux. Regardez le menu à la page 107 et commandez à tour de rôle.
In pairs. Look at the menu on page 107 and take it in turns to order.

Exemple: **1** *Je voudrais un thé et une pizza.*

4b À deux. Pour chaque commande ci-dessus préparez l'addition en Euros.
In pairs. For each order above prepare the bill in Euros.

Exemple: **1**

Le Gourmand

un thé	€3,05
une pizza	€5,20
total	€0,25
Merci!	

Le Gourmand

un café
€2,10

un thé
€3,05

un Orangina
€2,50

un sandwich
au
jambon
€4,60

un croque-
monsieur
€4,10

des frites
€3,50

un café-crème
€3,40

un coca
€2,50

une limonade
€2,10

un sandwich
au fromage
€4,50

une pizza
€5,20

une crêpe
€3,90

un chocolat
chaud
€3,40

un jus de fruit
€3,05

une eau
minérale
€2,50

une omelette
€3,90

une glace
€3,70

4c Regardez le menu et préparez l'addition pour chaque personne. (1–5)
Look at the menu and calculate the total for each person.

Exemple: 1

While the tape is playing, listen out for and note the items. Afterwards, use the gaps between playings to work out the prices from the menu.

Le Gourmand

2 cocas	€2,50
	€2,50
1 pizza	€5,20
1 omelette	€3,90
total	€14,10
Merci!	

1 *Voici ma maison*

Describing a house and its rooms

1a **Corrigez les erreurs dans ces phrases.**

a Émilie fait un échange en Angleterre chez Sarah.

b Elle est logée dans une grande maison où il y a deux étages, et 8 pièces.

c La salle de séjour est en haut, et les chambres sont en bas.

d Il y a 3 chambres, et Émilie partage une chambre avec Madame Hill.

e Il n'y a pas de moquette dans la maison.

f Il y a une grande cave, et un lave-vaisselle.

g Il y a un jardin devant la maison.

h On prend le dîner dans le jardin parce qu'il fait chaud le soir.

Chère maman, cher papa,

Ici en Angleterre ça va bien, et ma correspondante, Lindsay, est très gentille.

Je vous envoie une photo de sa maison. C'est une maison moyenne qui se trouve dans une rue tranquille près du centre-ville. C'est une maison jumelée à deux étages. Il y a huit pièces: en bas, il y a le salon, la salle à manger et la cuisine. Il y a un petit bureau à côté de la cuisine, et des W-C aussi. En haut, il y a la salle de bains, et les chambres. Il y a trois chambres: la chambre de Madame Hill, la chambre de Lindsay, et la chambre de Graham, son frère. Moi, je partage une chambre avec Lindsay, et on s'amuse bien.

Ce qui est bizarre, c'est qu'il y a de la moquette partout dans la maison, même dans l'entrée et dans l'escalier! Mais il n'y a pas de cave ni de lave-vaisselle. Je dois aider à faire la vaisselle à la main ...

Il y a un joli jardin derrière la maison, où il y a une pelouse, des fleurs et un grand arbre. Mais on n'y mange pas, parce qu'il fait trop froid le soir pour manger dehors. Il y a un garage aussi.

Vous voyez, j'ai de la chance! Je suis très contente!

Grosses bises, Émilie

1b **Identifiez la maison de chaque personne. (1–5)**

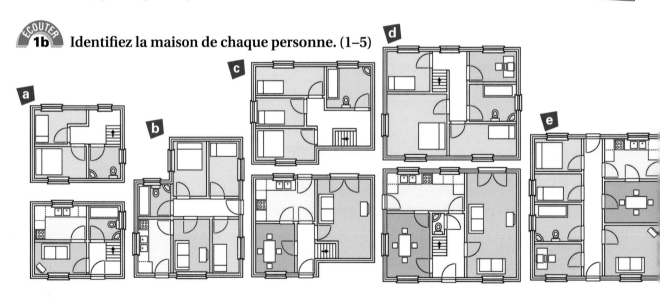

1c **À deux. Faites la description d'une de ces maisons. Votre partenaire doit trouver la bonne maison.**

> Il y a ... étages.
> En haut, il y a ... .
> En bas, il y a ... .

2a Lisez la lettre d'Émilie et identifiez les choses dans la chambre.

> La chambre de Lindsay est très chouette. La moquette est bleue et les rideaux sont roses et blancs. Dans sa chambre il y a deux lits, une armoire, et une petite table en bois. Sur sa table il y a une lampe et son réveil. Il y a plein de posters de joueurs de foot aux murs, parce qu'elle adore ce sport. On peut regarder des vidéos et écouter de la musique dans sa chambre, parce qu'elle a sa propre télé, un magnétoscope et une chaîne hi-fi! Sur son lit il y a un ours en peluche qui est très mignon.
>
> Émilie

2b Émilie fait une description de sa propre chambre. Remplissez les blancs avec **mon, ma** ou **mes**.

> ▰▰▰ chambre est plus petite que celle de Lindsay. ▰▰▰ rideaux sont beiges et ▰▰▰ moquette est verte. ▰▰▰ armoire est dans le coin, à côté de ▰▰▰ chaîne hi-fi. Sur ▰▰▰ lit il y a ▰▰▰ chien en peluche, et souvent ▰▰▰ vêtements sont sur ▰▰▰ lit aussi! ▰▰▰ petite lampe verte est sur ▰▰▰ table en bois. J'ai ▰▰▰ propre chambre, et j'aime bien avoir une chambre à moi.

2c Écoutez la description d'Émilie pour voir si vous avez raison.

3 Cherchez l'intrus dans chaque liste à droite.

4a Identifiez et notez la pièce en français. (1–5)

4b Préparez une liste de tous les meubles dans trois pièces dans votre maison. Utilisez un dictionnaire. Notez les meubles avec un/une.

a
un lit
une armoire
un lave-vaisselle
un poster

b
un four à micro-ondes
un frigo
un placard
une machine à laver

c
un lavabo
une douche
un miroir
une chaîne hi-fi

d
une fenêtre
un mur
une porte
un réveil

e
une cuisinière à gaz
un canapé
un fauteuil
une chaise

*1 Look up the word in the English side of the dictionary (**Exemple**: desk).*
2 Read through the whole definition to make sure you find the right word
Exemple:

desk |desk| *n. (for pupil)* pupitre m; *(for teacher)* bureau m; *(in office, home)* bureau m.

3 List the word with un *or* une *in front of it (**Exemple**: un bureau) (because m = masc).*

2 La télé

Talking about TV and films

●●●●●●●●●●●●●●

1a Faites une liste de toutes les sortes d'émissions mentionnées dans le texte. Trouvez un exemple de chaque sorte d'émission.

Exemple: les émissions de musique =
Top of the Pops

1b Répondez à ces questions en français.

1 What is Éloïse going to watch tonight? *(1)*
2 What programmes does she like best? *(2)*
3 What does she think of adverts? *(1)*
4 What type of films does Paul prefer? *(3)*
5 What is his favourite programme? What sort of programme is it? *(2)*
6 Why does he like the programme? *(1)*
7 When does Geneviève watch the news? *(1)*
8 What is her favourite sort of film? *(1)*
9 What sort of programme doesn't she like? *(1)*
10 Why does she prefer the radio? *(1)*
11 What is Auguste's favourite type of programme? *(1)*
12 What type of programmes doesn't he like? *(2)*
13 'Qui Veut Gagner Des Millions?' What is the English equivalent of this programme? *(1)*

Qu'est-ce qu'on va regarder ce soir?

Eloïse Ce soir, je vais regarder 'M comme Musique' car j'adore les émissions de musique. J'aime aussi les documentaires sur la nature, parce que j'aime beaucoup les animaux. La publicité, moi, je trouve ça bête.

Paul J'adore les dessins animés et les films policiers. J'aime aussi les films d'horreur et de science-fiction. Ce soir, je vais regarder mon émission préférée, 'Les Simpson', parce que ça me fait rire. Mais je ne vais pas regarder les informations: ça, c'est barbant.

Geneviève Dubois Comme tous les soirs, je vais regarder les informations, et peut-être un film, parce que j'aime les films d'amour. Mon film favori est 'Titanic', parce que je pense que les acteurs sont formidables. Je trouve qu'il y a trop de séries américaines et anglaises à la télévision française, et je déteste cette sorte d'émission. À vrai dire, je préfère écouter la radio, parce que j'aime beaucoup la musique classique.

Auguste Dubois Je ne vais pas regarder la télé ce soir, car je préfère les émissions de sport, et il n'y en a pas ce soir. Je verrai mon émission préférée, 'Sport matin', demain à 10 heures. Je n'aime pas les jeux télévisés, 'Qui Veut Gagner Des Millions?' par exemple. Je les trouve ennuyeux. Je n'aime pas non plus les feuilletons.

J'adore/J'aime/Je n'aime pas/Je déteste (les séries)
 parce que
c'est intéressant/amusant/passionnant/barbant/bête/ennuyeux

1c Copiez et complétez la grille en français. (1–5)

	aime	n'aime pas	émission préférée	raison
1	les séries	les informations	Beverley Hills	très amusant

1d Sondage. Préparez une grille 6 × 6. Écrivez 5 sortes d'émissions de télé en haut. Interviewez 5 personnes pour trouver leurs préférences.

Exemple:

Tu aimes les dessins animés?

Oui, je les aime.

Non, je les déteste.

Non, je ne les aime pas.

Oui, je les adore.

Le détective

Object pronouns

Tu aimes **les films**? = *Do you like **films**?*
Oui, je **les** aime = *Yes, I like **them**.*

Pour en savoir plus ➡ page 176, pt 7.2

2a Identifiez l'émission de télé britannique.

a C'est une émission pour les jeunes, qui a lieu dans un collège à Londres. Il s'agit de la vie scolaire, et des vies personnelles des élèves et des profs.

b C'est un dessin animé très populaire. Il s'agit d'une famille américaine. Le père adore manger, la mère a des cheveux très bizarres, le fils est très vilain, la fille joue du saxophone et le bébé suce sa tétine.

c C'est un feuilleton qui existe depuis plus de 40 ans. Il s'agit de la vie des habitants d'une rue dans le nord de l'Angleterre. C'est un programme qui est amusant mais qui peut être aussi tragique.

d C'est un jeu télévisé, où on peut gagner beaucoup d'argent, jusqu'à un million de livres sterling. Le présentateur crée beaucoup de tension pendant le jeu.

e C'est une émission de sport qu'on peut voir le samedi après-midi. On y voit des matchs de rugby, des courses de chevaux, des concours d'athlétisme, et les résultats des matchs de foot joués ce jour-là.

2b Identifiez le film. (1–5)

a STAR TREK

b *Roméo et Juliette*

c Les DENTS de la MER

d POLICE ACADÉMIE 7

e Dracula

2c En groupes. Une personne fait une description d'une émission de télé célèbre, ou d'un film. Le groupe identifie l'émission ou le film.

C'est un(e) ____ qui a lieu ____ . Il s'agit de ____ .

Make your description of what the film/show is about very simple.
Exemple: Il s'agit d'une famille et ses problèmes.
Il s'agit d'un agent de police.

2d Écrivez une description de:

1 votre émission de télé préférée.
2 votre film favori.

Mon émission de télé préférée/film préferé s'appelle …				
C'est un(e)	film feuilleton film policier	qui a lieu	dans une ville à New York	en Australie en Amérique
Il s'agit de …				
J'aime	cette émission ce film	parce que	c'est passionnant ça me fait rire	

3 On sort manger

Going out to a restaurant with your penfriend

Bonjour, j'ai réservé une table pour 5 personnes, au nom de Dubois.

Ah oui monsieur, entrez. Voici votre table, asseyez-vous. Voici la carte.

(quelques minutes plus tard)

Vous avez choisi?

Oui, on voudrait le menu à €12, s'il vous plaît.

D'accord. Et qu'est-ce que vous voulez commander?

Restaurant des Jongleurs

MENU à prix fixe   **€12**

HORS-D'ŒUVRES
Assiette de saucisson sec
Crudités
Fruits de mer

PLATS PRINCIPAUX
Plat du jour
Poulet rôti et haricots verts
Bœuf bourguignon au riz

DESSERTS
Glace
Mousse au chocolat
Pâtisserie maison

BOISSONS
Carafe de vin blanc/rouge €5,50
Eau minérale €2,50
Bière €2,80

Service et boissons non compris

 1a Regardez le menu et notez la commande de chaque personne en français. (1–5)

hors-d'œuvres	plats principaux	desserts	boissons

 1b Commandez un repas complet du menu à €12.

- Vous avez choisi?
- Et comme plat principal?
- Et comme dessert?
- Vous voulez quelque chose à boire?

- Oui, comme hors-d'oeuvre, je voudrais …
- Je voudrais …
- Je voudrais …
- Oui, comme boisson je voudrais …

 2 Quel est le plat du jour? (1–6)

du poulet
du bœuf bourguignon
des poivrons
du poisson avec des épinard
un steak haché
la quiche lorraine

3a Faites correspondre la question et la bonne réponse.

1 Je peux avoir la carte, s'il vous plaît?
2 Quel est le plat du jour?
3 C'est quoi exactement?
4 Avez-vous des frites?
5 On peut avoir encore du pain, s'il vous plaît?
6 Où est le téléphone?
7 Je peux avoir l'addition, s'il vous plaît?

a Oui, mais nos pommes de terre à la vapeur sont très bonnes, vous savez.
b Oui, avez-vous bien mangé?
c Aujourd'hui, c'est de la ratatouille.
d Bien sûr, je vais vous en chercher.
e C'est au sous-sol, près de la sortie.
f C'est une sorte de ragoût de légumes. Il y a des tomates, des courgettes et des aubergines dedans.
g Bien sûr. Voici la carte.

3b À deux. En français:

A
● Je peux vous aider?
● Voilà … Vous avez choisi?
● Voulez-vous autre chose?
● Certainement

B
● Ask if you can see the menu
● Order a starter, a main course and a dessert
● Say you would also like some water
● Ask for the bill

4a Identifiez le problème. (1–7)

1 Je n'ai pas de fourchette.
2 Ma cuillère est sale.
3 L'addition n'est pas juste.
4 Mon potage est froid.
5 Ce couteau n'est pas propre.
6 Il n'y a pas de sel ou de poivre sur cette table.
7 Je n'ai pas de verre.

4b Complétez les phrases pour chaque conversation au restaurant.

1 Elle a réservé ⬛.
   Elle n'est pas contente parce que ⬛.
2 Il a commandé ⬛.
   Il n'est pas content parce qu' ⬛.
3 Elle a commandé ⬛.
   Elle n'a ⬛.
4 Il a demandé ⬛.
   Il n'est pas content parce que ⬛.

Les problèmes

| pas de fourchette | il n'y a plus de poulet |
| le restaurant est complet | l'addition n'est pas juste |

5 En groupe. Préparez un sketch en français qui s'appelle 'Au Restaurant'. Présentez le sketch à la classe, ou enregistrez-le.

1 You go into a restaurant with your family.

Jeux de rôles

A

- Je peux vous aider?
- Oui, asseyez-vous ici
- Voilà. … Vous avez choisi?
- Certainement
- De rien

B

- Say you'd like a table for 3; 4; 6 people
- Ask if you can see the menu
- Order chicken; fish; an omelette
- Say thank you

2 Your French penfriend has just arrived to stay with you.

A

- Ah, enfin arrivé!
- Oui, un peu

- Chouette. Tu as une chambre à toi?
- Ah bon
- Oui, je veux bien

B

- Ask if he/she is tired
- Say that his/her bedroom is upstairs next to* the bathroom
- !
- Ask if he/she needs any of these things: soap; toothpaste; towel

3 Talk about your room for 1 minute.
Make yourself a cue card.

*à côté de

J'ai une chambre à moi/Je partage ma chambre avec …
Ma chambre est …
Mes rideaux sont (bleus …) et ma moquette est (beige …)
Dans ma chambre il y a … (+ à côté de/en face de/sur)
Aux murs il y a mes posters de …
J'aime ma chambre/je n'aime pas ma chambre parce que …
Dans ma chambre, je (regarde la télé/fais mes devoirs …)
Hier soir, dans ma chambre, j'ai …
Dans ma chambre idéale, il y a (un sauna privé/un matelas d'eau …)

You can prepare very well in advance for the oral exam. Decide now on what some of your answers are going to be, and practise them!

- How many rooms are there in your house?
- What favourite programme are you going to describe?
- What three-course restaurant meal can you describe in French?

Your examiner may ask …

Est-ce que tu as une chambre à toi?

Qu'est-ce que tu fais dans ta chambre?

Tu es allé(e) au cinéma récemment? Pour voir quel film? C'était comment?

Fais-moi la description de ton repas préféré au restaurant.

Tu es allé(e) dans un restaurant français?

Qu'est-ce que tu vas manger ce soir?

1 Produce a labelled plan or photo of your/a house along with a description, in French. Include a description of your bedroom and your garden (real or imagined). Use pages 105, 108 and 109 to help you.

dans	*in*
devant	*in front of*
derrière	*behind*
à côté de	*next to*
en face de	*opposite*
sur	*on*
sous	*under*

2 Write an informal letter, describing your favourite types of film or TV programmes.

Introduction
Start your letter with a polite phrase or two. (See tip box on this page.) Say how much TV you watch, and how often you go to the cinema.

Paragraph 1
Say what sorts of TV programme you like, and what sorts you don't like. Say what your favourite programme is, and say why you like it. (See pages 110-111)

Paragraph 2
Say what kind of films you like and dislike, and describe the plot of your favourite film.
(See pages 110-111)

Paragraph 3
Describe a recent visit to the cinema: when you went, who you went with, how you travelled, what film you saw, what the film was like.

Paragraph 4
Say what you are going to watch on TV at the weekend, and why. (Je vais regarder ...)

Conclusion
Finish off your letter as suggested in the box.

Lundi dernier je suis allé(e) au cinéma
... avec mon/ma/mes ...
On est allé (en bus)
On a vu
C'était ...

Follow this advice whenever you are writing an informal letter in French:
1 *Put the name of the town you are writing from, a comma, then the date, in the far right hand corner of your page, all on one line.*
   Exemple: Plymouth, le 27 décembre
2 *In the middle of the next line, or on the left, write:*
   Cher (+ male name)
   Chère (+ female name)
3 *Start your letter with an opening phrase or two.*
   Exemple: Bonjour! Ça va? Moi, ça va bien.
   Merci beaucoup pour ta gentille lettre.
   Comment vas-tu? Je vais très bien.
   Salut! Comment ça va?
4 *If you are writing for a specific reason, you could start with:*
   Je t'écris parce que ...
        I am writing to you because...
5 *Salutations:*
   je t'embrasse *love from*
   grosses bises *love from*
   amitiés *very best wishes*
   amicalement *regards*

Mots

Les invités	Guests
Bonjour et bienvenue en France!	Hello and welcome to France!
Entre!	Come in.
Assieds-toi.	Sit down.
Je te présente (ma mère).	Let me introduce you to (my mother).
As-tu faim/soif?	Are you hungry/thirsty?
As-tu besoin (d'une serviette/de savon/ de dentifrice)?	Do you need (a towel/ soap/toothpaste)?
Es-tu fatigué(e)?	Are you tired?
Voici ta chambre.	Here is your room.
Bonsoir!	Good evening!
Bon anniversaire!	Happy Birthday!
Bonne année!	Happy New Year!
Bonne chance!	Good Luck!
Bonne fête!	Happy Saint's Day!
Bonne journée!	Have a good day!
Bonne nuit!	Goodnight!
Bon séjour!	Have a good stay!
Bon voyage!	Have a safe journey!
Bonnes vacances!	Have a good holiday!
Bon week-end!	Have a nice weekend!

À la maison	At home
J'habite dans …	I live in …
… un appartement	a flat
… une maison	a house
une pièce	a room
Il y a (trois) pièces.	There are (three) rooms.
Il y a (trois) étages.	There are (three) floors.
En haut, il y a …	Upstairs, there is …
En bas, il y a …	Downstairs, there is …
les chambres	the bedrooms
la cuisine	the kitchen
l'entrée	the hall
la salle de bains	the bathroom
la salle à manger	the dining-room
la salle de séjour	the living-room
le salon	the lounge
les W-C	the toilet

Les meubles	Furniture
une armoire	wardrobe
un canapé	couch
une chaîne hi-fi	hi-fi system
une chaise	chair
une cuisinière à gaz	gas cooker
une douche	shower
un fauteuil	armchair
une fenêtre	window
un four à micro-ondes	microwave
un frigo	fridge
une lampe	lamp
un lavabo	washbasin
un lave-vaisselle	dishwasher
un lit	bed
une machine à laver	washing machine
un miroir	mirror
un mur	wall
un placard	cupboard
une porte	door
un poster	poster
un réveil	alarm clock
une table	table

La télé	Television
J'adore (les feuilletons).	I love (soaps).
J'aime/Je n'aime pas (la publicité).	I like/I don't like (adverts).
Je déteste (les émissions de sport).	I hate (sports programmes).
les informations (fpl)	news
les documentaires (mpl)	documentaries
les dessins animés (mpl)	cartoons
les jeux télévisés	game shows
Ça me fait rire.	It makes me laugh.
Mon émission de télé préférée/film préféré s'appelle …	My favourite TV programme/film is called …
C'est (un film/un feuilleton)	It is a (film/soap)
qui a lieu …	which takes place …
dans une ville	in a town
à New York	in New York
en Australie	in Australia
Il s'agit de …	It is about …
J'aime cette émission parce que c'est …	I like this programme because it is …
amusant	funny
barbant	boring
bête	stupid
ennuyeux	boring
intéressant	interesting
passionnant	exciting
un film d'amour	romantic film
un film comique	comedy
un film d'horreur	horror film
un film policier	detective film
un film de science-fiction	a sci-fi film

On mange	Eating
Garçon/Monsieur!	Waiter!
Madame/Mademoiselle!	Waitress!
Vous avez choisi?	Have you chosen?
Oui, comme (hors-d'œuvre) je voudrais …	Yes, for (starters) I would like …
Et comme (plat principal/dessert)?	And for (the main course/the dessert)?
Vous voulez quelque chose à boire?	Would you like something to drink?
Comme boisson, je voudrais …	I would like … to drink.
Quel est le plat du jour?	What is the dish of the day?
C'est quoi exactement?	What is that exactly?
On peut avoir encore du pain, s'il vous plaît?	Can we have some more bread, please?
Je peux avoir l'addition, s'il vous plaît?	May I have the bill, please?
le menu à prix fixe	set menu
la carte	menu
le menu à (12 euros)	the (12 euro) set menu
service (non) compris	service (not) included
le bœuf	beef
une crêpe	pancake
un croque-monsieur	ham and cheese toasted sandwich
les crudités (fpl)	raw vegetable salad
les frites (fpl)	chips
les fruits de mer (mpl)	seafood
une glace	ice-cream
les haricots verts (mpl)	green beans
une mousse au chocolat	chocolate mousse
une omelette	omelette
une pizza	pizza
le poulet rôti	roast chicken
le riz	rice
un sandwich (au jambon/au fromage)	(ham/cheese) sandwich

Les boissons	Drinks
un café	black coffee
un café crème	white coffee
un chocolat chaud	hot chocolate
un coca	coke
une eau minérale	mineral water
un jus de fruit	fruit juice
une limonade	lemonade
un thé (au citron)	tea (with lemon)

En bonne forme

1a **Comment vont-ils?**

Notez 😊, 😐 ou 😞. (1–6)

How are they?

Write down 😊, 😐 or 😞.

Comment vas-tu?	Je vais très bien.
Comment allez-vous?	Je vais mieux.
Comment ça va?	Comme ci, comme ça!
Ça va?	Pas mal!
	Je suis malade.
	Ça ne va pas.

1b **Identifiez la partie du corps.**

Identify the part of the body.

le bras
le dos
le doigt
le genou
le nez
le pied
le ventre/l'estomac
l'œil/les yeux
la bouche
la dent
la gorge
la jambe
la main
la tête
l'oreille
le coude

j'ai	mal	au	genou/bras/dos/doigt/nez/pied/ventre/coude
tu as		à la	main/à la gorge/à la jambe/à la tête
il/elle a		à l'	oreille/estomac
		aux	dents/yeux

1c **Qu'est-ce qui fait mal? Notez la bonne lettre. (1–10)**

What's hurting? Note the right letter.

1d À deux. Expliquez votre problème en français. Votre partenaire trouve la bonne image.
In pairs. Explain your problem in French. Your partner points to the right picture.

The French usually use the 24-hour clock. You can either write it as it is:
Exemple: 21h30 or change it to 12-hour time:
Exemple: 9h30
It is probably safest to note it down as a 24-hour clock time … just in case you miscalculate!

2 Trouvez les paires.
Find the pairs.

1 deux heures et demie
2 quatre heures moins le quart
3 sept heures   4 neuf heures et quart
5 onze heures et demie
6 une heure moins le quart
7 dix heures   8 huit heures et quart

a vingt et une heures quinze
b vingt-deux heures   c vingt heures quinze
d dix-neuf heures   e vingt-trois heures trente
f quinze heures quarante-cinq
g quatorze heures trente
h douze heures quarante-cinq

3a Qui parle? Notez le bon prénom. (1–8)
Who is speaking? Note the right name.

le petit déjeuner
le déjeuner
le goûter
le dîner

Marie
petit déjeuner 8h
déjeuner 12h45
dîner 19h30

Laure
petit déjeuner 6h30
déjeuner 13h15
dîner 20h

Suzanne
petit déjeuner 7h15
déjeuner 12h30
dîner 20h45

Exemple:

Je suis Marie. Je prends le petit déjeuner *à huit heures*, je prends le déjeuner *à douze heures quarante-cinq*, et je prends le dîner *à dix-neuf heures trente.*

3b À deux. Prenez le rôle de Laure/Suzanne. Dites les heures de vos repas.
In pairs. Take the part of Laure/Suzanne. Give your mealtimes.

3c Écrivez une phrase en français sur les heures de vos repas.
Write a sentence in French about your mealtimes.

1 *La routine*

Talking about your daily routine

1 D'habitude, je me lève à six heures et demie.

2 Je me lave et je me brosse les dents à sept heures moins le quart.

3 Je prends le petit déjeuner dans la cuisine.

4 Je quitte la maison vers sept heures et demie, et je vais au collège en car.

5 J'arrive au collège à huit heures moins le quart.

6 J'ai cours de huit heures à midi.

7 À l'heure du déjeuner, je mange à la cantine.

8 L'après-midi, je passe mon temps à dormir en classe.

9 Je rentre à la maison vers seize heures trente.

10 Je me couche en semaine à vingt-deux heures, mais le week-end je me couche plus tard.

1a Répondez aux questions en français.

1 À quelle heure est-ce qu'il se lève?
2 Qu'est-ce qu'il fait à 6h45?
3 À quelle heure est-ce qu'il part de chez lui?
4 Comment va-t-il au collège?
5 Où est-ce qu'il prend son déjeuner?
6 Est-ce qu'il préfère travailler ou dormir l'après-midi?
7 À quelle heure est-ce qu'il va au lit pendant la semaine?

1b Copiez les phrases 1–10, et changez les mots soulignés pour décrire votre routine.

Le détective

Reflexive verbs

*These are normal verbs, which need an extra bit (the **reflexive pronoun**) when you use them.*

Exemple: se laver = *to get washed*

je **me** lave	nous **nous** lavons
tu **te** laves	vous **vous** lavez
il/elle **se** lave	ils/elles **se** lavent

*In the perfect tense, they go with **être***

Exemple: Hier, je me suis levé(e) à dix heures = *Yesterday, I got up at 10am.*

Pour en savoir plus ➡ page 172, pt 3.8

1c À deux. Préparez 5 questions sur la routine de votre partenaire.

Exemple: *Tu te lèves à quelle heure?*

Posez ces questions à votre partenaire, et notez ses réponses.

Exemple: Peter se lève: 7h30

Présentez ce que vous avez trouvé au reste de la classe.

Exemple: Peter se lève à sept heures et demie, ensuite il ...

Join up your sentences with:
et
puis
ensuite
après
mais
pourtant

2a Copiez et complétez les phrases pour cette athlète olympique française.

1 À 6h, elle ...	5 Elle travaille de ... à ...
2 À 6h30, elle ...	6 À 18h, elle ...
3 À 8h30, elle ...	7 À 20h30, elle ...
4 À 9h, elle ...	8 Vers 22h, elle ...

Elle se douche   *She has a shower*

2b Lisez le texte sur la routine imaginaire de Fabien Barthez et finissez les phrases correctement.

1 Fabien Barthez est de nationalité ... anglaise/française.
2 Il est ... buteur/gardien de but.
3 En 1998, il jouait pour ... Marseille/Monaco.
4 Il se lève à ... sept heures et demie/sept heures et quart.
5 Il prend le petit déjeuner à ... 7h30/7h45.
6 Il prend le déjeuner ... à la maison/au gymnase.
7 Il va au stade pour ... voir les fans/s'entraîner.
8 Il s'entraîne pendant ... 2 heures/3 heures.
9 Après l'entraînement, il ... se douche/se repose.
10 En semaine, il va au lit à ... minuit/midi.

la veille   *the day before*

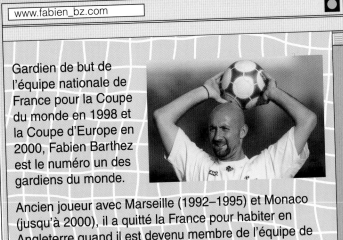

www.fabien_bz.com

Gardien de but de l'équipe nationale de France pour la Coupe du monde en 1998 et la Coupe d'Europe en 2000, Fabien Barthez est le numéro un des gardiens du monde.

Ancien joueur avec Marseille (1992–1995) et Monaco (jusqu'à 2000), il a quitté la France pour habiter en Angleterre quand il est devenu membre de l'équipe de Manchester United.

Pour être footballeur professionnel, il faut être en forme. Fabien se lève vers 7h30 tous les jours, et un quart d'heure plus tard il prend le petit déjeuner. Ensuite, il conduit au gymnase où il passe deux heures à s'entraîner seul. Rentré à la maison, il prend un déjeuner léger, et il se repose un peu. Vers midi, il va au stade où il rencontre ses collègues et leur coach. Après trois heures d'entraînement, il se douche, puis rentre à la maison pour manger, ou il sort avec des amis pour une soirée en ville. Il se couche vers minuit normalement, mais la veille d'un match, il va au lit à 21h.

2 Avez-vous la pêche?

Talking about food preferences and healthy eating

1a Qu'est-ce que vous préférez manger?
Copiez et complétez la grille.

C'est délicieux	C'est pas mal	Je n'aime pas ça

1b Qu'est-ce qu'ils aiment manger?
Copiez et complétez la grille. (1–10)

Nourriture	☺	☹	☹
1			

les abricots	les framboises
les ananas	les fruits de mer
le beurre	la moutarde
le bifteck	les pâtes
les céréales	les petits pois
les cerises	les poires
les champignons	le poisson
le chocolat	le porc
le chou	le poulet
le chou-fleur	le riz
les citrons	la salade
la confiture	les saucisses
la crème	le vinaigre

Rappel

*Tu aimes **le** fromage? Non, je **le** déteste*
= No, I hate **it**.

*Tu aimes **la** moutarde? Non, je **la** déteste*
= No, I hate **it**.

1c À deux. Trouvez 6 choses que votre
partenaire aime manger.

Exemple:

Tu aimes **le fromage**?

Oui, je l'aime.

Oui, je l'adore!

Non, je le déteste.

2a Lisez les lettres, puis
remplissez la grille.
Décidez s'ils mangent
sainement ou pas.

	petit déjeuner	déjeuner	dîner	sainement?
Sarah	du pain, …			
Thomas				

Eh bien moi, je trouve qu'en général je ne mange pas trop mal. Le matin, je prends du pain pour le petit déjeuner, avec du beurre et de la confiture à la fraise. Je bois un bol de café.

À midi, je mange à la cantine. Comme hors-d'œuvre il y a souvent de la salade ou des crudités, ce qui est très bon pour la santé. Normalement on a le choix entre deux plats: un bifteck, peut-être, ou du poisson, avec des haricots verts ou parfois des pommes de terre. Comme dessert, il y a un yaourt ou une petite glace.

Le soir, à la maison, on prend souvent du potage et puis des pâtes et de la salade. On mange légèrement le soir. Je ne bois que de l'eau, parce que c'est bon pour la peau, n'est-ce pas?

Sarah

Le matin, je ne mange rien, parce que je n'ai pas le temps: je suis toujours en retard pour le car … quelquefois mon père me force à boire un peu de chocolat chaud, et c'est tout.

À midi, je vais en ville avec mes copains au lieu d'aller à la cantine. On va au fast-food, où on prend un hamburger et des frites, et on boit toujours un grand coca. Parfois on prend une glace ou un gâteau avant de retourner au collège.

Le soir, je mange devant la télé. Je n'aime pas ce que mes parents préparent. Je préfère manger une pizza surgelée et un paquet de chips. C'est rapide et c'est très bon. Mais je sais bien que ce n'est pas très sain.

Thomas

2b Notez en français ce qu'ils mangent au petit déjeuner.
Pour chaque personne, décidez si c'est sain ou pas sain. (1–6)

Exemple: 1-bol de céréales, jus d'orange ✔

Au petit déjeuner je prends

un bol de céréales	du lait	un jus d'orange
un yaourt	du pain (grillé)	du beurre
un café	des œufs	un thé au lait
un croissant	un bol de chocolat	

2c Préparez une présentation sur vos repas typiques. Complétez ces phrases pour chaque repas.

Je prends le (petit déjeuner) à (huit) heures

Au (déjeuner)	je prends	du jambon de la salade des œufs une saucisse
	je bois	du coca un café un chocolat chaud de l'eau

Le détective

du, de la, des

Nouns always need a word before them in French, even when there isn't one in English. When talking about likes/dislikes, use le/la/les.

   Example: *I like chocolate =*
      J'aime **le** chocolat.

At other times, use the right word for **some**.

Masc.	Fem.	Vowel or silent h	Plural
du pain	**de la** confiture	**de l'**eau	**des** œufs

   Example: *I have bread and jam for breakfast =* Je prends **du** pain et **de la** confiture au petit déjeuner.

Pour en savoir plus ➡ page 167, pt 2.3

3a Identifiez la fonction de chaque sorte de nourriture.
Écoutez la cassette pour voir si vous avez raison.

sorte de nourriture

- **a** produits laitiers
- **b** pain/céréales
- **c** fruits/légumes
- **d** produits sucrés
- **e** nourritures grasses
- **f** viandes/protéines

fonction

1 donnent de l'énergie, mais contiennent beaucoup de calories
2 contiennent des fibres et de la vitamine C
3 source de calcium, protéines et de vitamine D
4 source de cholestérol
5 apportent des protéines et des vitamines, mais attention aux matières grasses
6 donnent des vitamines, des fibres et de l'énergie

3b Donnez 2 exemples en français pour chaque sorte de nourriture.

Exemple: produits latiers – du lait, un yaourt

3 Ça ne va pas

Dealing with illness

LIRE

1a Faites correspondre l'image et le problème.

1 J'ai très chaud

2 Je n'ai pas faim

Je me sens très fatiguée

J'ai très froid

3

4

Je suis malade

J'ai mal au cœur

5

6

7 J'ai la grippe

Je suis enrhumée

8

9 J'ai vomi

Je me suis blessée à la jambe

10

LIRE

1b Faites correspondre l'image et le remède.

1 prenez ces comprimés

2 prenez ces pastilles

3 prenez ce sirop

4 reposez-vous au lit

5 prenez rendez-vous chez le médecin

6 buvez beaucoup d'eau

Le détective

Avoir

Some French expressions use the verb avoir *where English uses* **to be**

Exemple: J'ai chaud = *I'm hot*
(in French, I have hot)

j'ai chaud	j'ai froid	j'ai faim
j'ai soif	j'ai … ans	j'ai peur

Pour en savoir plus ➡ page 169, pt 3.3

ÉCOUTER

1c Écoutez ces conversations à la pharmacie. Choisissez la(les) bonne(s) image(s) de l'activité **1a** et le(s) bon(s) remède(s) (1-6) de l'activité1b.

Exemple: 1 *h, 4 and 1*

1d À deux. Chez le pharmacien. Répétez la conversation ci-dessous mais changez les détails soulignés.

- Oh là là, monsieur. <u>Je me sens très fatigué</u> et <u>j'ai mal au cœur</u>. Qu'est qu'il faut faire?
- Mmm … <u>Prenez ces comprimés</u> et <u>reposez-vous au lit</u>.
- Merci beaucoup, monsieur.

2a Copiez et complétez la conversation chez le médecin.

Médecin: Bonjour, entrez, ▰▰▰. Qu'est-ce qui ne va pas?
Malade: Oh docteur, j'ai mal à la ▰▰▰, je suis ▰▰▰, et j'ai très ▰▰▰.
Médecin: Est-ce que je peux vous ▰▰▰?
Malade: Oui, bien sûr.
Médecin: Je vous donne une ordonnance pour du ▰▰▰ et des ▰▰▰ pour la gorge. Reposez-vous au ▰▰▰ pendant deux ou trois ▰▰▰.
Malade: Merci, docteur. Au ▰▰▰!

gorge
revoir
pastilles
jours
examiner
soif
asseyez-vous
enrhumé
sirop
lit

2b Copiez et complétez la grille en français. (1–4)

symptômes	remède proposé
1	

3 Lisez cette affiche puis répondez aux questions en anglais.

1 What should be available in every workplace? *(1)*
2 What should one person be trained in? *(1)*
3 What is the first thing you should do if there's an accident or a fire? *(1)*
4 What are the numbers to dial for the emergency services in France? *(1)*
5 What should you do after alerting the emergency services? *(2)*

Remember:
Questions in English, answer in English.
Questions in French, answer in French.
If you answer in the wrong language, you get nul points!

SÉCURITÉ AU TRAVAIL

1 Une TROUSSE DE SECOURS doit être disponible dans chaque lieu de travail.

2 Une personne doit être formée en SECOURISME.

3 En cas d'accident ou d'incendie:
  i Alertez vos collègues immédiatement.
  ii Composez le 17/15/18 pour appeler la police/une ambulance/ les sapeurs-pompiers.
  iii Restez avec la victime, ou évacuez les lieux en cas d'incendie.

4 Ça vaut le risque?

Talking about smoking, alcohol and drugs

1a Lisez les opinions et décidez si ces jeunes sont pour ou contre le tabac.

a Si on fume, on a l'air plus adulte.
b Le tabac sent mauvais.
c On risque d'avoir le cancer et des maladies cardiaques.
d C'est reposant de fumer une cigarette.
e Si on s'habitue au tabac, on ne peut pas s'arrêter.
f Les cigarettes coûtent très cher.
g Je veux faire la même chose que mes copains, donc je fume.
h Si j'ai une cigarette à la main, j'ai plus confiance en moi.
i L'odeur du tabac cause des problèmes pour les autres, y compris les petits enfants.

Si tu veux ...
des dents jaunes
des doigts marron
une bouche qui sent mauvais
des vêtements qui ont mauvaise odeur
une vie plus courte ...
Commence à fumer
Les cigarettes: ça pue et ça tue!

NE PAS FUMER
NO SMOKING

1b À deux. En français:

A
- Tu fumes?
- Tu est pour ou contre le tabac?
- Pourquoi?
- Tu trouves que les cigarettes coûtent cher?
- Moi aussi

B
- Je fume/Je ne fume pas
- Je suis pour/contre
- *Give 2 reasons*
- !

Pour	Contre
On a l'air plus adulte	Le tabac sent mauvais
C'est reposant	On risque d'avoir le cancer et des maladies cardiaques
On a plus de confiance	Les cigarettes coûtent cher
	On ne peut pas s'arrêter

1c Écrivez votre réponse à cette question: qu'est-ce que vous pensez du tabac, et pourquoi?

2 Décidez si ces jeunes sont pour ou contre la drogue, et pourquoi. (1–8)

Exemple: 1-Pour/reposant

3a Lisez l'article.

Quel est le risque le plus grave pour notre santé au 21ème siècle?

Pour moi, c'est fumer. Les jeunes connaissent les risques du cancer, il y a même une annonce sur les paquets de cigarettes, mais ils s'en fichent, parce qu'ils pensent que c'est cool de fumer. Il faut être comme ses copains. À mon avis, c'est plutôt stupide.
Manon, 16 ans

Je pense que l'alcool est très dangereux. C'est une drogue, mais tout le monde en boit, même les parents à la maison. On ne sait pas ce qu'on fait quand on a trop bu, et ça, c'est très mauvais.
Ludo, 15 ans

Même dans mon village en pleine campagne, on peut trouver de la drogue, si on la cherche. À mon avis, la drogue pose de grands risques pour la santé, et ça ne vaut pas le risque.
Daniel, 16 ans

Surtout parmi les jeunes filles, les maladies comme l'anorexie et la boulimie sont pénibles. Les magazines et la télé insistent qu'il faut être à la mode, populaire, et mince. Beaucoup de jeunes souffrent à cause de ça.
Marie-Jo, 15 ans

Who thinks that …

1 the media encourages eating disorders?
2 young people living in the countryside take drugs?
3 if you drink too much, you no longer know what you're doing?
4 young people smoke to be cool?
5 young people drink because their parents do?
6 young people smoke because their friends do?

3b Écoutez ces publicités. Elles sont de la part de quelle organisation? (1–4)

le tabac
l'alcool
la drogue
les maladies alimentaires

3c Dessinez un poster anti-alcool ou anti-drogue.

Jeux de rôles

1 You are at the doctor's in France.

A

- Entrez, entrez!
- Quel est le problème?
- Et il y a autre chose?
- OK, je vais vous examiner

B

- Say 'Hello'
- Say that you have a sore head; a sore throat; sore ears
- Say you have been sick

2 You are talking to your penfriend about your daily routine.

A

- Parle-moi de ta routine
- C'est vrai? Moi, c'est plus tôt!
- Du pain grillé et de la confiture. Comment vas-tu au collège?
- Ah bon. Tu manges à la cantine aujourd'hui?
- Moi aussi

B

- Say what time you get up
- Ask what he/she eats for breakfast
- !
- Say where you are going to eat lunch today (either at the canteen or at home)

3 Talk for 1 minute about your daily routine. Make yourself a cue card.

Pendant la semaine, je me lève à ...

Puis, ...

Après, ...

Je quitte la maison à ...

Je vais au collège ...

Le trajet dure ...

J'arrive au collège à ...

Les cours commencent à ... et finissent à ...

Je prends mon déjeuner ...

Au déjeuner, je mange ... et je bois ...

Pendant l'heure du déjeuner, je ...

Je rentre à la maison à ...

Le soir, je ...

J'ai ... heures de devoirs par soir.

Je me couche à ...

Hier, je me suis levé(e) à ...

Your examiner may ask …

Tu te lèves à quelle heure d'habitude? Et le week-end?

Qu'est-ce que tu penses de la cantine?

Qu'est-ce que tu prends au dîner normalement?

Qu'est-ce que tu as mangé hier soir?

Est-ce que tu es en bonne forme?

You get extra marks if you pronounce words well and sound French! Putting the stress on the final syllable of words helps you to sound more French. Practise saying these common words, stressing the last syllable:

docteur, maison, français, famille, vacances, géographie, restaurant

1 Produce a simple fitness plan for yourself over a week. Here is a suggested plan for Monday:

Jour	Repas de midi	Activités	Lieu
lundi	Je mange du poulet grillé avec des pommes de terre et je bois un jus de carottes. Comme dessert, je mange une pomme.	Je fais du vélo de 18h à 19h30.	Au parc

Continue the plan for the next 6 days.
Add in extra details if you want.

2 Write a conversation with a famous sportsperson about fitness.

As this is a conversation, you can write it out like a script. Decide if the speakers are going to address each other as 'tu' or 'vous'. If you use 'tu', you will be able to use some of the questions practised in class. However, remember that you do not get marks for copying things from the book: you must adapt them to your own needs.

You don't have to know much about your famous person: you can make up the details. Your questions are likely to be fairly short, but make sure the celebrity gives detailed answers, with plenty of opinions!

Qu'est-ce que tu aimes | faire … ?
vous aimez |

Introduction
Introduce the famous personality, and ask him/her a few general questions, e.g. where he/she lives, how old he/she is, if he/she has any children, etc.

Paragraph 1
Ask some questions about his/her daily routine eg getting up, going to bed. (See pages 120–121)

Paragraph 2
Find out about eating habits: timings, what he/she likes to eat, why he/she eats certain foods, if he/she has a healthy diet. (See pages 122–123)

Paragraph 3
Find out about their hobbies and weekend activities. Find out what the celebrity did last night.

Paragraph 4
Find out if the celebrity smokes or drinks alcohol. Find out what he/she thinks of smoking, alcohol and drugs. (See pages 126–127)

Conclusion
Find out what the celebrity's future plans are. Thank him/her for the interview.

Qu'est-ce que tu vas | faire … ?
vous allez |

Mots

Ça va?
How are you?

Comment vas-tu?/ allez-vous?	*How are you?*
Ça va?/ Comment ça va?	*How are you?*
Je vais très bien.	*I am very well.*
Je vais mieux.	*I am better.*
Comme ci, comme ça.	*So-so.*
Pas mal.	*Not bad.*
Ça ne va pas.	*I am not all right.*
J'ai très chaud.	*I am very hot.*
J'ai très froid.	*I am very cold.*
Je n'ai pas faim.	*I'm not hungry.*
Je suis malade.	*I am ill.*
J'ai mal au cœur.	*I feel sick.*
J'ai la grippe.	*I have flu.*
Je suis enrhumé(e).	*I have a cold.*
J'ai vomi.	*I have been sick.*
Je me sens très fatigué(e).	*I am very tired.*
Je me suis blessé(e) à la jambe.	*I have hurt my leg.*
J'ai mal au (genou/bras/ dos/doigt/nez/ pied/ventre/coude).	*My (knee/arm/back/ finger/nose/foot/ stomach/elbow) hurts.*
J'ai mal à la (main/gorge/ jambe/tête).	*My (hand/throat/ leg/head) hurts.*
J'ai mal à l'(oreille/ estomac).	*My (ear/stomach) hurts.*
J'ai mal aux (dents/yeux).	*My (teeth/eyes) hurt.*

Les remèdes
Cures

Prenez ces comprimés/ pastilles.	*Take these pills/cough sweets.*
Prenez ce sirop.	*Take this cough medicine.*
Reposez-vous au lit.	*Rest in bed.*
Prenez rendez-vous chez le médecin.	*Go and see the doctor.*
Buvez beaucoup d'eau.	*Drink a lot of water.*

La santé
Health

Tu es pour ou contre le tabac?	*Are you for or against smoking?*
On a l'air plus adulte.	*You seem more adult.*
C'est reposant.	*It is relaxing.*
On a plus de confiance.	*You are more confident.*
Le tabac sent mauvais.	*Cigarettes don't smell nice.*
On risque d'avoir le cancer et des maladies cardiaques.	*There is the risk of getting cancer or heart disease.*
Les cigarettes coûtent cher.	*Cigarettes are expensive.*
On ne peut pas s'arrêter.	*You can't stop.*
l'alcool	*alcohol*
la drogue	*drugs*
les maladies alimentaires	*food disorders*
le tabac	*smoking*

Le corps
The body

le bras	*arm*
le coude	*elbow*
la dent	*tooth*
le doigt	*finger*
le dos	*back*
le genou	*knee*
la gorge	*throat*
la jambe	*leg*
la main	*hand*
le nez	*nose*
l'oreille *(f)*	*ear*
le pied	*foot*
la tête	*head*
le ventre/l'estomac *(m)*	*stomach*
l'œil/les yeux *(mpl)*	*eye/eyes*

Les repas
Meals

le petit déjeuner	*breakfast*
le déjeuner	*lunch*
le goûter	*tea/snack*
le dîner	*dinner/evening meal*
Je prends le petit déjeuner à (8h).	*I have breakfast at (8 am)*

La routine
Daily routine

Je me lève à (sept heures).	*I get up at (7am).*
Je me lave.	*I get washed.*
Je me brosse les dents à (sept heures et quart).	*I clean my teeth at (quarter past seven).*
Je prends le petit déjeuner dans la cuisine.	*I have breakfast in the kitchen.*
Je quitte la maison vers (sept heures et demie).	*I leave the house at (half past seven).*
J'arrive au collège à (huit heures moins le quart).	*I arrive at school at (quarter to eight).*
J'ai cours à (neuf heures).	*I have lessons at (9 am).*
Je mange à la cantine à midi.	*I eat in the canteen at midday.*
Je rentre à la maison à (seize heures).	*I return home at (4pm)*

Je me couche à (vingt-deux heures).	I go to bed at (10pm).
Il/Elle se lève à …	He/She gets up at …
Il/Elle se couche à …	He/She goes to bed at …
Il/Elle prend le petit déjeuner à …	He/She has breakfast at …
tôt	early
tard	late

Les fruits — *Fruit*

les abricots *(mpl)*	apricots
les ananas *(mpl)*	pineapples
les cerises *(fpl)*	cherries
les citrons *(mpl)*	lemons
les fraises *(fpl)*	strawberries
les framboises *(fpl)*	raspberries
les poires *(fpl)*	pears

Les légumes — *Vegetables*

les carottes *(fpl)*	carrots
les champignons *(mpl)*	mushrooms
le chou	cabbage
le chou-fleur	cauliflower
les petits pois *(mpl)*	peas
les pommes de terre *(fpl)*	potatoes
la salade	lettuce
les tomates *(fpl)*	tomatoes

Autres choses à manger — *Other foods to eat*

le beurre	butter
les céréales *(fpl)*	cereal
le chocolat	chocolate
la confiture	jam
la crème	cream
la moutarde	mustard
les pâtes *(fpl)*	pasta
le riz	rice
le vinaigre	vinegar

La viande — *Meat*

le bifteck	steak
les fruits de mer *(mpl)*	seafood
le poisson	fish
le porc	pork
le poulet	chicken
les saucisses	sausages

Le petit déjeuner — *Breakfast*

Au petit déjeuner je prends …	For breakfast I have …
un bol de céréales	a bowl of cereal
du lait	milk
un jus d'orange	an orange juice
un yaourt	a yoghurt
du pain (grillé)	bread (toast)
du beurre	butter
du café	coffee
des œufs (mpl)	eggs
un thé au lait	tea with milk
un croissant	a croissant
un bol de chocolat	a bowl of hot chocolate
Au déjeuner je prends …	For lunch I have …
du jambon	ham
des œufs (mpl)	eggs
de la salade	lettuce
une saucisse	a sausage
Je bois …	I drink …
du coca	coke
un café	coffee
un chocolat chaud	hot chocolate
de l'eau	water
Tu aimes (le lait)?	Do you like (milk)?
Oui, je l'aime./Non, je le déteste.	Yes, I like it./No, I hate it.
Oui, je l'adore.	Yes, I love it.
C'est délicieux.	It is delicious.
C'est pas mal.	It's not bad.
Je n'aime pas ça.	I don't like that.

Le transport

Je vais (au collège)
… en auto/voiture
en autobus/car
en métro
en taxi
en train
en avion
en bateau
à vélo
à pied

1a Écrivez en français.

Write these sentences in French.

Exemple: Je vais au collège en car.

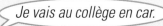

1

2

3

4

5

6

7

8

Rappel

to = *à*
à + le = au
à + les = aux
to + name of town = *à*
to + name of country = mostly *en*, sometimes *au* or *aux*

1b Copiez et complétez la grille en français. (1–6)

Copy and complete the grid in French.

	Transport	Durée du trajet
1	en autobus	15 mins
2		

1c À deux. Posez les questions et répondez en français.

In pairs. Ask and answer these questions in French.

Exemple: 1 ● *Comment est-ce que tu vas au collège?*

● *Je vais au collège en voiture.*

2 Comment est-ce que tu vas en ville?

3 Comment est-ce que tu vas à la piscine?

4 Comment est-ce que tu vas chez tes amis?

5 Comment est-ce que tu vas en vacances normalement?

2a C'est quelle direction?
Which direction is it?

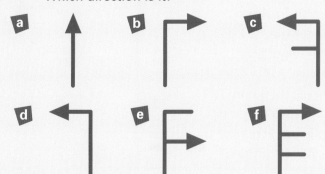

Pour aller à … , s'il vous plaît?

Tournez à droite
Tournez à gauche
Allez tout droit
Prenez la première rue à droite
Prenez la deuxième rue à gauche
Prenez la troisième à droite

2b Regardez le plan, et notez si les directions sont correctes ✔ ou fausses ✗. (1–7)
Look at the plan and note if the directions given are correct ✔ or wrong ✗.

2c À deux. Posez une question et écoutez la réponse de votre partenaire. Dites si la réponse est vraie ou fausse.
In pairs. Ask a question and listen to your partner's answer. Say if the answer is true or false.

Exemple:
- *Pour aller au commissariat?*
- *Prenez la deuxième rue à gauche.*
- *Faux!*

Pour aller au	restaurant/commissariat/ syndicat d'initiative/stade/parc
à la	piscine
à l'	hôpital

3a Faites correspondre les expressions.
Match up the expressions.

Watch out for these key phrases which come up all the time in the oral exam.

1 Where is … ?
2 What time … ?
3 Have you got to … ?
4 I would like …
5 Can you … ?
6 Have you got … ?
7 Is there … ?
8 How much is … ?

Je voudrais …
Avez-vous … ?
Est-ce qu'il y a … ?
Où est … ?
Est-ce qu'il faut … ?
Est-ce qu'on peut … ?
… à quelle heure?
… c'est combien?

3b Trouvez la bonne réponse à chaque question. (1–7)
Find the right answer to each question.

a À vingt heures trente.

b Ah oui, j'ai ton cahier, voilà.

c €30,40

d Prenez la deuxième rue à droite,

e Il y a des courts de tennis dans la ville.

f Oui, il est nécessaire de réserver.

g La banque est en face de l'hôtel.

4 Faites correspondre les instructions anglaises et françaises.
Match the French and English phrases.

1 Fill in the grid
2 Read the text
3 Answer the questions
4 Put … in the right order
5 Choose the right answer
6 Match up
7 Tick …
8 Write down the right letter

Choisissez la bonne réponse
Cochez …
Écrivez la bonne lettre
Faites correspondre …
Lisez le texte
Mettez … dans le bon ordre
Remplissez la grille
Répondez aux questions

The instructions to the exam exercises are in French. But do not worry: you have had lots of practice following French instructions in this book.

PARLER 5

Formez des phrases. Les mots qui manquent sont ci-dessous.
Make these sentences. The missing words are below.

1 Ask if there is …   **a**   **b**   **c** .

2 Find out where …   **d**   **e**   **f** .

3 Ask if you can …   **g**   **h**   **i** .

4 Say you would like …   **j**   **k**   **l** .

5 Ask if they have …   **m**   **n**   **o** .

6 Ask if you must …   **p**   **q**   **r**   .

7 Ask how much for …   **s**   **t**   **u** .

8 Find out when …   **v**   **w**   **x**   .

---

un bus pour le stade

être coiffeur

des maillots de bain

un livre

une table pour deux personnes

réserver

payer un supplément

parler français

un billet

des toilettes

une nuit

un plan de la ville

le film finit

le train arrive

une réduction pour les étudiants

tu te lèves

le stade

mon stylo

le prof

manger du chewing-gum

avoir un nouveau cahier

prendre le bus

une glace

un billet pour 'Titanic'

1 *Pardon, madame …*

Finding the way around town

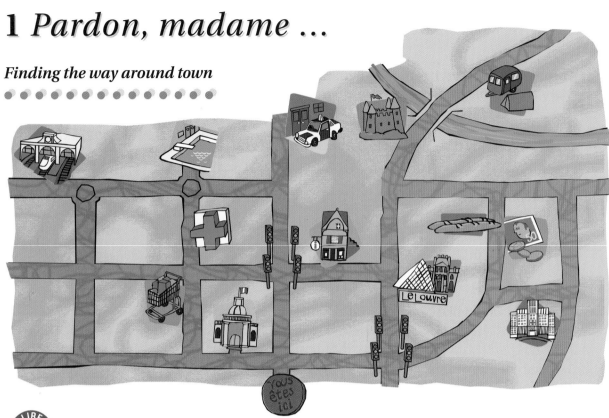

 1a **Lisez les directions et notez la destination.**

a Montez la rue jusqu'aux feux, puis tournez à droite, et c'est à votre gauche.

b Tournez à droite, puis tournez à gauche aux feux. Continuez tout droit, et traversez le pont. C'est un peu plus loin, à droite.

c Tournez à gauche. Ensuite, prenez la première rue à droite. Montez la rue jusqu'au carrefour, et c'est au coin, à gauche.

d Allez tout droit. Passez les feux, puis tournez à gauche. Au rond-point, tournez à droite, et c'est en face de vous.

e Tournez à droite, puis continuez tout droit en passant les feux. C'est juste après la deuxième rue, à droite.

 1b **Trouvez le français pour:**

go up the road

to the lights

cross the bridge

to the crossroads

it's at the corner

at the roundabout

 1c **Écoutez ces directions. On va où? (1–5)**

 1d **À deux. Regardez le plan encore une fois. Donnez des directions à votre partenaire. Où allez-vous?**

> ## *Le détective*
>
> **Imperative**
> When you are telling somebody what to do, you need the imperative.
> If you are using **vous** (Example: for a stranger in the street), your verbs end in **-ez** [eh].
>> tournez   montez   allez
>
> If you are using **tu**, **-er** verbs end in **-e**.
>> tourne   monte
>
> *Except for* aller *which changes to:*
>> va
>
> **Pour en savoir plus ➡ page 172, pt 3.9**

2a Écoutez et lisez les conversations. Pour chaque conversation notez les détails qui manquent. (1–4)

Touriste	Pardon, madame/monsieur **a** , c'est près d'ici?
Passant(e)	Ah non, c'est assez loin. C'est à **b** d'ici.
Touriste	Pour y aller, s'il vous plaît?
Passant(e)	Prenez **c** , et descendez à la/au **d** .
Touriste	Le trajet dure combien de temps?
Passant(e)	Eh bien, **e** environ.
Touriste	Merci, madame, monsieur. Au revoir.

a le musée, la gare routière, la plage, la cathédrale

b 5km, 3km, 16km, 8km

c métro, bus 5/120/8

d cinéma, terminus, plage, place du marché

e 5 min., 15 min., 20 min., 25 min.

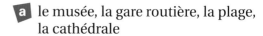

Le détective

Y

Y *(pronounced 'ee') means there.*
It comes before the verb in a sentence.

Exemple: Pour y aller, s'il vous plaît?
= *How do I get there?*
Elle y va le lundi
= *She goes there on Mondays.*

Pour en savoir plus ➡ page 177, pt 7.3

2b À deux. Répétez les conversations. Utilisez les détails suivants:

1 — **a** GARE DU NORD **b** 4 km **c** **d** station 'gare du Nord' **e** 3 minutes

2 — **a** auberge de jeunesse **b** 8 km **c** **d** STADE **e** 20 minutes

3 — **a** **b** 3 km **c** 76 **d** **e** 10 minutes

4 — **a** Hôtel Gambetta **b** 10 km **c** TAXI **d** Hôtel Gambetta **e** 15 minutes

 3 Écrivez ces directions en français.

1 Pour aller de votre collège en ville.
2 Pour aller de votre maison au collège.
3 Pour aller du collège à une destination de votre choix.

2 À la gare SNCF

Coping at the station

 1a Où est-ce qu'on va:

Entrée

Consigne automatique **Buffet** **Quais**

Sortie de secours ➡ **GUICHET**

Réservations **Salle d'attente**

Bagages Objets Trouvés

a pour attendre le train confortablement?
b pour sortir de la gare en cas d'urgence?
c pour chercher quelque chose qu'on a perdu?
d pour réserver un billet à l'avance?
e pour laisser ses sacs et aller visiter la ville?
f pour manger un sandwich?
g pour entrer dans la gare?
h pour prendre le train?
i pour acheter un billet?
j pour enregistrer ses bagages pour un long voyage?

Le détective

Pour

Pour means **in order to** or **to** when it is followed by the infinitive.

Exemple: pour attendre le train = *in order to wait for the train*

Pour en savoir plus ➡ **page 168, pt 3.1**

 1b Écoutez et notez en français: (1–6)

a ce qu'ils cherchent.
b où c'est.

Exemple: 1 a guichet
              b en face des toilettes

en face	du quai numéro (3)/du bar
près	de la sortie de secours/de la grande porte
à côté	des réservations

 2a Complétez la conversation au guichet. Choisissez les mots dans la case.

Employé	Bonjour, je peux vous aider?
Voyageur	Je voudrais un **a** pour **b** , s'il vous plaît.
Employé	Bien sûr, en quelle classe?
Voyageur	En **c** classe, s'il vous plaît, et dans la compartiment **d** . C'est combien?
Employé	Voilà, ça fait **e** , s'il vous plaît.
Voyageur	Le prochain train part à quelle heure?
Employé	Il y a un train toutes les **f** . Le prochain train part à **g** .
Voyageur	Merci, et il arrive à quelle heure?
Employé	Il arrive à **h** .
Voyageur	Et quel est le numéro du quai?
Employé	C'est le quai numéro **i** .

deuxième	15h40
quatre	Calais
trente minutes	
€35	
non-fumeur	
aller–retour	13h20

Check you know the meaning of the words you're going to choose from before you start trying to fill in the gaps.

2b Écoutez la conversation pour voir si vous avez raison.

 3a À deux. Faites deux autres dialogues en changeant les détails.

> un aller simple *single*
> un aller-retour *return*

Le détective

Quel

Quel *means which or what.*

	Masculine	Feminine
Singular	quel quai?	quelle classe?
Plural	quels trains?	quelles places?

Pour en savoir plus ➡ page 173, pt 4.3

Destination	Départ	Arrivée	Quai	Prix 1ère aller simple	Prix 2ème aller simple	Prix 1ère aller-retour	Prix 2ème aller-retour
Paris	9h30	14h56	6	€99,00	€68,60	€182,90	€137,00
Londres	12h04	18h35	10	€150,90	€118,90	€274,40	€237,80
Douvres	15h20	20h16	8	€125,00	€97,60	€228,70	€195,00
Marseille	20h55	6h12	2	€144,80	€111,30	€304,90	€222,60

> *1ère (première classe) *first class*
> 2ème (deuxième classe) *second class*

 3b Copiez et complétez la grille. (1–6)

	Destination	Sorte de billet	Classe	Fumeur?	Départ	Arrivée	Quai
1							

 4 Regardez l'horaire, et décidez si les phrases sont vraies ou fausses.

1 Le premier train de Paris gare de Lyon à Nîmes part à 8h18.
2 Le train numéro 520 s'arrête à Disneyland®.
3 Le dernier train de Paris gare de Lyon à Nîmes est à 21h59.
4 Le train numéro 853 s'arrête à Avignon.

5 Vous partez de l'Aéroport Charles de Gaulle à 6h56. Le train arrive à Montpellier avant midi.
6 Vous partez de l'Aéroport Charles de Gaulle à 17h05 pour aller à Disneyland®. Le trajet dure 14 minutes.

Numéro de TGV		520	851	853	855	9536	857	871	544	873	877	879
Aéroport Charles de Gaulle TGV	Départ	6.56				13.13			17.05			
Marne la Vallée Chessy Disneyland®	Départ	7.12							17.19			
Paris gare de Lyon	Départ		8.18	10.29	12.06		13.30	16.42		17.48	18.42	21.49
Satolas TGV	Arrivée					15.11						
Valence	Arrivée	9.53	10.46			15.41	15.59	19.10	19.59	20.17	21.10	
Montélimar	Arrivée					a	a	a	a	20.39		
Avignon	Arrivée	10.53			15.28	16.40		20.10	20.59		22.10	03.53
Nîmes	Arrivée	11.25	12.12	14.20	15.58	17.10		20.44	21.39	21.47	22.46	04.49
Montpellier	Arrivée	11.53	12.39	14.46	16.25	17.36	17.51	21.10	22.06	22.14	23.12	05.20

3 *Trop de voitures?*

Talking about traffic and transport problems

● ●

1a Trouvez l'expression soulignée qui correspond
à ces définitions:

    a il y avait beaucoup de voitures sur les routes
    b l'heure où tout le monde rentre à la maison
    c une situation où les routes sont bloquées à
      cause du nombre de voitures
    d l'endroit au bord de la route réservé aux
      piétons
    e au milieu du centre-ville
    f très très rapidement

1b Quelle image représente l'incident?

L'agressivité au volant

Accident hier soir <u>en plein centre-ville</u>:
trois personnes grièvement blessées.

C'était <u>l'heure d'affluence</u> à La
Rochelle, et comme d'habitude à 18h30 <u>il
y avait beaucoup de circulation</u>. Aux feux
au supermarché Leclerc, on faisait la
queue pour tourner à gauche. Mais les
voitures continuaient à venir de l'autre
direction. Bref, <u>un embouteillage</u>: on
attendait avec patience.

Soudain, Thierry Duault, 22 ans, en a eu
marre*. <u>À toute vitesse</u>, il a essayé de
doubler* la queue pour continuer tout
droit. Mais pas sur la route. Il est monté
sur <u>le trottoir</u> à 50 kilomètres à l'heure.
Désastre: une jeune mère de famille s'y
promenait avec ses deux enfants.

Résultat? La jeune femme, un de ses
enfants et le chauffeur sont hospitalisés,
grièvement blessés.

*doubler *to overtake*
en a eu marre *had had enough*

2a De quel problème parlent-ils? (1–5)

 2b Mettez les solutions proposées dans le bon ordre.

RÉUNION PUBLIQUE: lundi 6 septembre à 20h30, salle des fêtes

LES PROBLÈMES DANS NOTRE VILLE:
1 Les embouteillages* bloquent les rues et on ne peut pas circuler.
2 Le stationnement* en ville est devenu presque impossible.
3 Les gaz émis par les voitures causent trop de pollution.
4 La fumée* et la pollution causent des maladies, en particulier l'asthme.
5 Le bruit constant des moteurs ruine la tranquillité de nos parcs.

NOUS VOULONS:
1 Un meilleur système de transports en commun, avec plus de routes d'autobus.
2 Une zone piétonne en centre-ville.
3 Des voies réservées aux cyclistes.
4 La construction d'un parking-visiteurs à l'entrée de la ville.

SI VOUS VOULEZ CONTRIBUER AU DÉBAT, VENEZ À LA RÉUNION.

 3a Pensez à la ville la plus proche de chez vous. Copiez la grille et placez les opinions dans la bonne colonne.

a Il y a trop de circulation en ville.
b Il y a un grand nombre d'embouteillages.
c Il y a peu de pollution.
d Il y a beaucoup de transports en commun.
e Il y a assez de zones piétonnes.
f Il n'y a pas assez de pistes cyclables.

*pistes cyclables	cycle paths
un embouteillage	traffic jam
le stationnement	parking
la fumée	smoke

D'accord	Pas d'accord
a	

 3b En groupe. Quel est le problème de transport le plus grave dans votre ville/village? Posez la question à vos camarades de classe, et notez leurs réponses.

À mon avis	il y a	peu de/d'	circulation
Je pense qu'	il n'y a pas	trop de/d'	embouteillages
		assez de	pollution
		beaucoup de/d'	transports en commun
			zones piétonnes
			pistes cyclables

 3c Écrivez un paragraphe sur les résultats.

Exemple: *12 personnes pensent qu'il y a trop de circulation.*

Jeux de rôles

1 **You are lost in a French town.**

A

- Say 'Excuse me'
- Ask the way to the police station; the town hall; or the hospital
- Ask whether it is far
- Ask if there is a bus

B

- Oui?
- Prenez la première rue à droite

- Oui, c'est à 2 kilomètres
- Prenez le numéro six

2 **You are at the bus station.**

A

- Je peux vous aider?
- Dans 15 minutes, monsieur/ mademoiselle
- Bien sûr. Combien de sacs avez-vous?
- OK. €7,50, s'il vous plaît
- Là-bas, près de la sortie

B

- Ask when the next bus for Paris leaves
- Say you want a return ticket

- !

- Ask where one of these places is: the waiting room; the luggage lockers; the lost property

3 **Talk for 1 minute about the transport in your town or village. Make yourself a cue card.**

> J'habite à … C'est une petite ville dans le centre de/du …
>
> Je vais au collège en …
>
> Pour aller en ville on peut prendre le bus/aller à pied
>
> Normalement je vais en ville en/à …
>
> Récemment je suis allé(e) à …
>
> J'ai voyagé en … Le trajet a duré …
>
> C'était …
>
> Dans ma ville il y a peu/assez de transports en commun

Your examiner may ask …

Comment est-ce qu'on peut aller de chez toi en ville/au centre-ville?

Décris-moi un long voyage que tu as fait récemment.

Tu as visité la France? Parle-moi du voyage.

Parle-moi des problèmes de transport dans ta ville/ton village.

Many people feel quite nervous about their oral exam. You will feel better if you are well-prepared. Use the questions at the end of each module as practice material at home. Get a friend to ask you the questions, or record yourself on tape saying the questions. Leave a gap on the tape and see if you can fill it with your long answer.

- Practise in front of a mirror, smiling and looking confident!
- Relax yourself before the exam by taking deep breaths and breathing slowly.
- Bonne chance!

1 Write a reply to this e-mail, asking for details about the arrangements for your visit to Paris next week.

Fichier   Édition   Affichage   Insertion   Format   Outils   Message

Répondre   Répondre à tous   Transférer

Salut! Ça va?
Tu pars de la maison quel jour, et à quelle heure?
Comment tu vas à Douvres?
Le bateau part à quelle heure?
Le bateau arrive à Calais à quelle heure?
Comment tu voyages de Calais à Paris?
À Paris, on se rencontre où, et à quelle heure?
Fais-moi ta description parce que je n'ai pas de photo
de toi!
À bientôt.

Francine

Je pars le … à …
Je vais à Douvres en …

See pages 24–25

2 Write a letter to a newspaper about the traffic problems in your town.

Je vous écris parce que …
        I am writing because …
Je voudrais me plaindre au sujet de …
        I would like to complain about …

Introduction
    Say who you are, how old you are
    and where you live. Explain why
    you are writing.
Paragraph 1
    Describe the traffic problems in
    your town.
Paragraph 2
    Describe a recent incident during
    which you had problems. Use the
    past tense.
Conclusion
    Say what you need in your town
    to solve the problems

Il y a …
Il y a trop de…
Il n'y a pas assez de …

parkings/pistes cyclables/zones piétonnes etc
voitures/embouteillages/bus
pollution

Je suis allé(e) en ville à vélo/à pied/en bus
Il y avait trop de …
Il n'y avait pas (assez) de …
C'était …

Il faut + *infinitive*   *we need to …*
On a besoin de + *noun*   *we need*
Plus/moins de   *more/less*

Mots

Le transport — *Transport*

Comment est-ce que tu vas (au collège)?	*How do you get (to school)?*
Je vais (au collège) …	*I go (to school) …*
en auto/voiture	*by car*
en autobus/car	*by bus/coach*
en avion	*by plane*
en bateau	*by boat*
en métro	*by metro*
en taxi	*by taxi*
en train	*by train*
à vélo	*by bike*
à pied	*on foot*

Les directions — *Directions*

Pour aller à … s'il vous plaît?	*How do you get to … please?*
Tournez à droite/gauche.	*Turn right/left.*
Allez tout droit.	*Go straight ahead.*
Prenez la (première/ deuxième/troisième) rue à droite/gauche.	*Take the (first/second/ third) road on the right/left.*
Pour aller au (restaurant/ commissariat/syndicat d'initiative/stade/ parc) …	*To get to the (restaurant/ police station/ tourist information office/ sports stadium/ park) …*
Pour aller à la piscine …	*To get to the swimming pool …*
Pour aller à l'hôpital …	*To get to the hospital …*
Montez/Descendez la rue jusqu'aux feux.	*Go up/down the road to the traffic lights.*
Traversez la rue.	*Cross the road.*

Les questions — *Questions*

Je voudrais …	*I would like …*
Avez-vous …?	*Have you got …?*
Est-ce qu'il y a ?	*Is there …?*
Où est …?	*Where is …?*
Est-ce qu'il faut …?	*Have you got to …?*
Est-ce qu'on peut …?	*Can you …?*
… à quelle heure?	*What time …?*
… c'est combien?	*How much is …?*
C'est près/loin d'ici?	*Is it nearby/far away?*
Le trajet dure combien de temps?	*How long does the journey last?*

À la gare	At the station
Je voudrais un aller-simple/aller-retour pour …	*I would like a single/ return ticket for …*
En quelle classe?	*Which class (of ticket)?*
première/deuxième	*first/second class*
Dans le compartiment (fumeur/non-fumeur).	*In the (smoking/ no smoking) carriage*
Le prochain train part à quelle heure?	*When does the next train leave?*
Le train arrive à quelle heure?	*When does the train arrive?*
Quel est le numéro du quai?	*What is the platform number?*
C'est le quai numéro (deux).	*It is platform number (two).*
en face du quai numéro 3/du bar.	*opposite platform 3/ the bar*
près de la sortie de secours/de la grande porte.	*near the emergency exit/large door*
à côté des réservations	*next to reservations*

Arrivée	*Arrival*
Bagages	*Luggage*
Buffet	*Restaurant*
Classe	*Class*
Consigne	*Left Luggage*
Départ	*Departure*
Destination	*Destination*
Entrée	*Entrance*
Guichet	*Ticket Office*
Objets trouvés	*Lost Property*
Quais	*Platforms*
Réservations	*Reservations*
Salle d'attente	*Waiting room*
Sorte de billet	*Type of ticket*
Sortie de secours	*Emergency Exit*

L'environnement	Environment
À mon avis …	*In my opinion …*
Je pense qu'il y a/qu'il n'y a pas …	*I think that there is/isn't …*
assez de/d' …	*enough …*
peu de/d' …	*little …*
trop de/d' …	*too much …*
beaucoup de/d' …	*a lot of …*
embouteillages *(mpl)*	*traffic jams*
pollution *(f)*	*pollution*
transports en commun *(mpl)*	*public transport*
zones piétonnes *(fpl)*	*pedestrian crossings*
pistes cyclables *(fpl)*	*cycle routes*
circulation *(f)*	*traffic*

Études

> **Philippe:** Moi, j'adore les maths. C'est facile et super-intéressant. Je suis assez fort en maths.

> **Claire:** Ma matière préférée c'est la physique. Le prof est très sympa et les cours sont intéressants. Je vais aller à l'université et je vais être scientifique.

> **Alain:** Moi, je déteste l'histoire. Le prof est ennuyeux et j'ai toujours de mauvaises notes. Ce n'est pas utile.

Who says:
a the lessons are interesting?
b I'm going to university?
c the teacher is very nice?
d history isn't useful?
e maths is easy?

In the texts find the opposite for:
a intéressant
b je suis faible
c j'ai de bonnes notes
d je déteste les maths

LIRE 2

Interview avec Anne-Claire Robert, 21 ans, assistante de français depuis cinq mois dans un collège anglais.

Q Bonjour, Anne-Claire. D'abord, qu'est-ce que tu fais exactement en Angleterre?

R *Eh bien, je suis étudiante à l'université de Clermont-Ferrand mais cette année, je travaille au collège de Thurston, dans le Suffolk, comme assistante de français.*

Q Quel est ton rôle?

R *J'aide les profs et les élèves. Je travaille dans les classes de français.*

Q Comment est-ce que tu trouves tes élèves?

R *En général, les élèves sont très sympa.*

Q Quelles sont les différences entre le collège en France et le collège en Angleterre?

R *D'abord, les heures. En France, il est normal de commencer à huit heures et de finir à seize ou même dix-sept heures. Aussi, le fait que* les anglais portent un uniforme. En France, 'l'uniforme', c'est un jean et des baskets! Ce qui est aussi différent, c'est qu'il n'y a pas de redoublement en Angleterre.*

Q Tu peux expliquer le redoublement, s'il te plaît?

R *À la fin de l'année scolaire, les professeurs regardent les notes de chaque élève. Si un élève n'a pas d'assez bonnes notes, il ne passe pas dans la classe supérieure et il doit refaire l'année scolaire.*

Q Et toi, qu'est-ce que tu vas faire après ton année en Angleterre?

R *Je vais rentrer à l'université pour continuer mes études, parce que je voudrais être prof d'anglais. J'ai déjà fait beaucoup de progrès en anglais.*

*le fait que *the fact that*

3 **Choisissez les bons mots pour compléter chaque phrase.**

1 Anne-Claire est …
2 En ce moment, elle habite …
3 Elle aide …
4 En général, les élèves sont …
5 Elle trouve que les heures du collège sont …
6 Les élèves anglais portent …
7 Les élèves français portent …
8 Redoubler, c'est …
9 Après cette année, Anne-Claire va …
10 Elle voudrait être …

les profs et les élèves
un jean et des baskets
professeur d'anglais
retourner en France
l'uniforme scolaire
à Thurston en Angleterre
assistante de français
sympa
répéter l'année scolaire
différentes

4 **Complétez les phrases.**

Exemple: 1 *Le collège (commencer) à*
Le collège <u>commence</u> à <u>huit heures et demie</u>.

2 Julie (aimer) le

Julie ▬▬▬ le ▬▬▬ .

3 Elle (faire) aussi de l'

Elle ▬▬▬ aussi de l'▬▬▬ .

4 La récréation (commencer) à

La récréation ▬▬▬ à ▬▬▬ .

5 À midi elle (manger) du poulet et

À midi elle ▬▬▬ du poulet et ▬▬▬ .

6 Après le collège elle (rentrer) à la

Apres le collège elle ▬▬▬ à la ▬▬▬ .

5 **Écrivez une lettre à Zoë. Répondez à toutes ses questions.**

Nice, le 12 février

Salut!

Merci de ta lettre. C'était comment, ta visite scolaire? Où êtes-vous allés? (On est allé à … . On a vu/fait/visité… . C'était … .)

Qu'est-ce que tu aimes au collège, et pourquoi? Moi, je n'aime pas la musique parce que le prof est trop sérieux. (See pages 10–11)

Qu'est-ce que tu vas faire au mois de septembre? (Je vais continuer/quitter/aller etc.)

Réponds-moi vite.

Zoë

MODULE 2

Chez moi

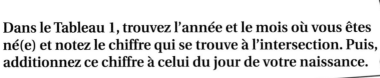

1a Dans le Tableau 1, trouvez l'année et le mois où vous êtes né(e) et notez le chiffre qui se trouve à l'intersection. Puis, additionnez ce chiffre à celui du jour de votre naissance.

Exemple:

> *Vous êtes né(e) le 17 juin 1985*
> *1985/juin = 6*
> *6+17 = 23*

Dans le Tableau 2, trouvez le jour de la semaine qui correspond à ce chiffre.

Exemple:

> *23 → lundi*

Tableau 1

	J	F	M	A	M	J	J	A	S	O	N	D
1985	1	4	5	1	3	⑥	1	4	0	2	5	0
1986	3	6	6	2	4	0	2	5	1	3	6	1
1987	4	0	0	3	5	1	3	6	2	4	0	2
1988	5	1	1	4	6	2	4	0	3	5	1	3
1989	6	2	3	6	1	4	6	2	5	0	3	5

Tableau 2

dimanche	1	8	15	22	29	36
lundi	2	9	16	㉓	30	37
mardi	3	10	17	24	31
mercredi	4	11	18	25	32
jeudi	5	12	19	26	33
vendredi	6	13	20	27	34
samedi	7	14	21	28	35

Les mystères de ta date de naissance

Sais-tu que le jour de la semaine où tu es né(e) peut révéler des détails sur ta personnalité?

LUNDI
Tu es né(e) sous l'influence de la lune. Sensible, tu possèdes un réel pouvoir de séduction.

MARDI
Mars était le nom du dieu de la guerre chez les Romains. Comme tu es né(e) sous l'influence de la planète Mars, tu aimes te disputer et te battre! Tu es sportif/ive et gagner est très important pour toi.

MERCREDI
Mercure est ta planète. Très aimable, tu adores les gens et tu aimes faire de nouvelles rencontres. Tu adores voyager. Chose certaine, tu as horreur de la routine.

JEUDI
Ta planète? Jupiter. Plutôt autoritaire, tu aimes être le chef et les autres te suivent naturellement. Généreux/euse, positif/ve et plein/e de vie, tu t'entends bien avec tout le monde.

VENDREDI
Vénus est la déesse de l'amour. Comme tu es né(e) sous l'influence de cette planète, pas de surprise que tu aimes l'amour, le plaisir et les belles choses. Ta gentillesse, ta générosité, ton charme et ton intelligence t'apportent beaucoup d'amis.

SAMEDI
Tu as beaucoup de patience. Tu es travailleur/euse et tu adores aider les autres. Mais attention: il n'y a pas seulement le travail qui est important!

DIMANCHE
Tu es né(e) sous l'influence du Soleil, la planète de l'action. Tu sais ce que tu veux et tu préfères des amis énergiques comme toi.

la lune	*moon*
sensible	*sensitive*
un réel pouvoir de	*a real power of*
la guerre	*war*
la déesse	*goddess*

1b Trouvez le bon sous-titre pour chaque jour de la semaine.

Exemple: lundi – le séducteur

lundi	mardi	mercredi	jeudi	vendredi	samedi	dimanche

le patient   le battant (the fighter)   l'actif   le séducteur   le sociable   le meneur (the leader)   l'amoureux

1c Trouvez la description pour le jour où vous êtes né(e). Êtes-vous d'accord ou pas?

Exemple: Je suis d'accord parce que je suis (amiable) et j'aime (voyager).
Je ne suis pas d'accord. Moi, je suis …

1d Quel jour est-ce qu'ils sont né(e)s?

Cécile

J'ai déjà visité un peu l'Europe, et j'aimerais voyager dans le monde entier. Ce serait ennuyeux de rester en France.

Je me dispute souvent avec mes parents et mes sœurs, surtout quand on joue au tennis par exemple, parce que je veux toujours gagner …

Anna

C'est moi le capitaine de notre équipe de basket, et je trouve qu'on me respecte. Je suis fort en basket mais j'aime participer, et pas seulement gagner.

Benjamin

Au collège, je travaille très dur parce que je veux faire des progrès. J'aide mes copains à faire leurs devoirs.

Maryse

Didier

Je voudrais me marier et avoir plein d'enfants! Les filles m'aiment bien car je sais leur parler …

2a Complétez le questionnaire. Donnez les détails pour un homme et une femme de votre famille.

Il s'appelle (Mark) .....
C'est mon (frère) ....
Il a les cheveux (noirs) .
Il est (amusant) ......
Il aime (les films) ....
Il déteste (jouer au tennis)

Elle s'appelle.......
C'est ma............
Elle a les cheveux...
Elle est
Elle aime ....
Elle déteste.........

3 Écrivez une lettre en français à Madame Pinaud.

FAMILLE PINAUD
Nous cherchons jeune garçon/fille au pair pour travailler chez nous (deux enfants). Si vous avez les qualités nécessaires, contactez-nous.
Mme Pinaud, 8 rue du 11 novembre, 13132 Marseille

Il faut mentionner:

• vos détails personnels
  (Je m'appelle … J'ai 16 ans)
• vos qualités personnelles (Je suis …)
• ce que vous faites pour aider à la maison chez vous (See pages 28–29)
• votre expérience précédente avec les enfants (J'ai fait du babysitting)
• quand vous pourrez commencer
  (Je pourrai commencer le deux juin.)

Temps libre

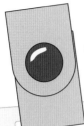

Le hockey sur glace

Le sport national du Canada, et le sport le plus populaire, c'est le hockey sur glace.

Carte d'identité

Nom: Roy
Prénom: Patrick
Né: le 5 octobre 1965, Sainte-Foy, Québec
Taille: 1.83 mètres
Poids: 87 kilos
Position: gardien de but
Numéro: 33
Équipes: Canadiens de Montréal, Avalanche du Colorado
Surnoms: Saint Patrick, Goose
Repas préféré: le steak
Passe-temps préféré en été: le golf

Équipement pour le hockey sur glace

1 paire de patins	$229
1 stick	$30
1 paire de jambières	$50
1 paire d'épaulettes	$45
1 paire de protège-coudes	$40
1 paire de gants	$40
1 casque	$60
1 maillot de hockey	$50
1 pantalon de hockey	$109
TOTAL	$653

Le sport a été inventé en 1867 par un groupe de soldats britanniques stationnés en Ontario au Canada.

Au Canada, beaucoup d'enfants apprennent à patiner quand ils ont quatre ou cinq ans. Pourtant, comme il faut avoir beaucoup d'équipement, le hockey est un sport qui coûte très cher pour les parents.

Le hockey sur glace est un sport très passionnant. Un jeu consiste en trois périodes de 20 minutes, mais le match dure presque trois heures parce qu'il y a beaucoup de pauses. C'est extrêmement rapide mais aussi assez violent, et il y a souvent des bagarres pendant les matchs professionnels.

Dans une équipe de hockey sur glace, il y a 20 joueurs, mais seulement 6 joueurs sont sur la glace en même temps. L'entraîneur remplace les joueurs continuellement pendant le jeu.

Les Canadiens de Montréal sont peut-être l'équipe la plus célèbre du Canada. Habillés en bleu, blanc et rouge, ils ont gagné la Coupe Stanley, le prix le plus prestigieux, 24 fois. Patrick Roy, leur gardien de but pendant dix ans, est un grand héros sportif.

bagarres	*fights*

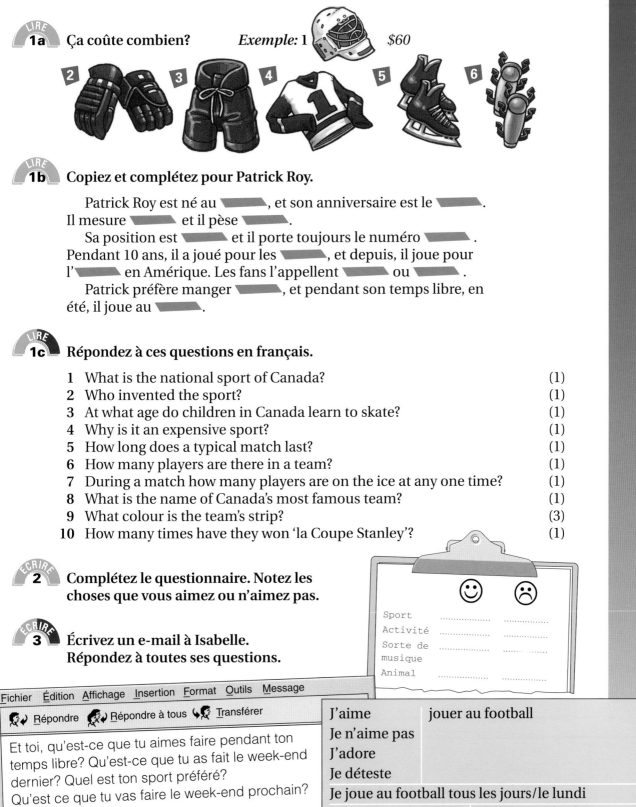

1a Ça coûte combien?

Exemple: 1 $60

2 3 4 5 6

1b Copiez et complétez pour Patrick Roy.

Patrick Roy est né au ▬▬▬, et son anniversaire est le ▬▬▬.
Il mesure ▬▬▬ et il pèse ▬▬▬.

Sa position est ▬▬▬ et il porte toujours le numéro ▬▬▬.
Pendant 10 ans, il a joué pour les ▬▬▬, et depuis, il joue pour
l'▬▬▬ en Amérique. Les fans l'appellent ▬▬▬ ou ▬▬▬.

Patrick préfère manger ▬▬▬, et pendant son temps libre, en
été, il joue au ▬▬▬.

1c Répondez à ces questions en français.

1 What is the national sport of Canada? (1)
2 Who invented the sport? (1)
3 At what age do children in Canada learn to skate? (1)
4 Why is it an expensive sport? (1)
5 How long does a typical match last? (1)
6 How many players are there in a team? (1)
7 During a match how many players are on the ice at any one time? (1)
8 What is the name of Canada's most famous team? (1)
9 What colour is the team's strip? (3)
10 How many times have they won 'la Coupe Stanley'? (1)

2 Complétez le questionnaire. Notez les choses que vous aimez ou n'aimez pas.

	☺	☹
Sport	....	....
Activité	....	....
Sorte de musique	....	....
Animal	....	....

3 Écrivez un e-mail à Isabelle. Répondez à toutes ses questions.

Fichier Édition Affichage Insertion Format Outils Message

Répondre Répondre à tous Transférer

Et toi, qu'est-ce que tu aimes faire pendant ton
temps libre? Qu'est-ce que tu as fait le week-end
dernier? Quel est ton sport préféré?
Qu'est ce que tu vas faire le week-end prochain?
Écris-moi bientôt.
Isabelle

J'aime	jouer au football
Je n'aime pas	
J'adore	
Je déteste	
Je joue au football tous les jours/le lundi	
Le week-end dernier	j'ai joué au basket
	je suis allé(e) à la piscine
Mon sport préféré est le/la … parce que c'est …	
Le week-end prochain je vais (faire du vélo)	

Au boulot

1a Trouvez le bon métier.

1 On a beaucoup de contact avec le public.   **A** Agent de police
2 On a des stylos rouges gratuits.   **B** Vétérinaire
3 On peut travailler dehors.   **C** Chauffeur de camion
4 On peut travailler avec des animaux.   **D** Professeur
5 On a un uniforme chic.   **E** Vendeur de journaux
6 On voyage beaucoup.   **F** Steward/hôtesse de l'air

1b

Le monde du travail à l'avenir: mythe ou réalité?

3 On ne fera plus un métier pour la vie. (Réalité)

Les jeunes doivent être prêts à changer, à suivre des formations* différentes à des âges différents, et à s'adapter quand c'est nécessaire.

1 On restera à la maison pour travailler. (Réalité)

La création du web veut dire qu'on peut rester en contact avec sa compagnie et ses collègues sans quitter sa propre maison. Communiquer, choisir, acheter, vendre, tout peut se faire grâce au courrier électronique et aux sites de web de plus en plus sophistiqués.

4 On fera moins de travail, et aura plus de loisirs ... (Mythe)

Le travail à temps partiel et le partage de poste* restent assez populaires. Pourtant, en Europe et aux États-Unis, on continuera à travailler pendant les heures traditionnelles.

2 Le chômage deviendra de pire en pire. (Mythe)

C'est vrai que les industries traditionnelles sont en train de disparaître, mais les machines ne remplaceront jamais les gens dans les hôpitaux, les écoles et les autres domaines de service.

* le chômage	*unemployment*
de pire en pire	*worse and worse*
formations	*training courses*
le partage de poste	*job sharing*

1c Match the English summary to the right paragraph.

    a People will change professions during their lives

    b People will be able to work from home.

    c People won't generally have more free time.

    d There will be more unemployment but there will be areas where machines will never replace people.

 1d Répondez aux questions en anglais.

    1 Will people stay at home to work in the future? *(1)*

    2 What is the main reason for this? *(1)*

    3 What 4 examples of e-mail commerce are given? *(4)*

    4 Name three areas in which unemployment will not get worse. *(3)*

    5 Will people do the same job all their lives in the future? *(1)*

    6 What 3 things must young people be prepared to do? *(3)*

    7 What is the fourth point discussed in the article? *(1)*

    8 What 2 methods of working will remain quite popular? *(2)*

    9 Will the working day change in Europe and America? *(1)*

 2 Remplissez la grille.

Lieu de travail	Métier
dans un collège	professeur, secrétaire,
dans un hôpital	
dans un bureau	
dans un magasin	
dans un garage	
dans un hôtel	
dehors	

 3 Écrivez une lettre en français au directeur de Monde de la Musique. Il faut mentionner:

Pourquoi vous écrivez

(Je voudrais un poste comme...)

Vos détails personnels

(J'ai...ans et je suis étudiant(e) à ...)

La sorte de musique que vous préférez

(Je préfère le rock/le jazz...)

Votre expérience

(Pendant mon stage j'ai travaillé ...)

Quand vous pourrez commencer

(Je pourrai commencer le ...)

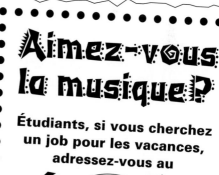

Aimez-vous la musique?

Étudiants, si vous cherchez un job pour les vacances, adressez-vous au

MONDE de la Musique

111, boulevard Legros
31000 TOULOUSE
tel 05-48-78-96-02

Ma ville

1 **LIRE**

1 **Copiez et complétez les blancs.**

J'habite à Rouen. C'est une ▰▰▰▰ moyenne dans le ▰▰▰▰ de la France. C'est une ville ▰▰▰▰ et touristique. Je n'habite pas en ville mais dans la ▰▰▰▰ dans une ▰▰▰▰ mitoyenne. J'aime ▰▰▰▰ à Rouen. Il y a beaucoup de choses à faire et ▰▰▰▰ agréable.

nord	habiter	maison	ville	historique	banlieue	c'est

2a **Faites correspondre le paragraphe et l'image.**

4 IDÉES FACILES POUR SAUVER L'ENVIRONNEMENT

Prends une douche!

Quand tu te douches, tu utilises 20 litres d'eau par minute. Par contre, un bain, c'est facilement 200 litres d'eau. Si tu prends des douches rapides au lieu de bains, tu économiseras une bonne quantité d'eau.

Achète un sapin de Noël vivant!

Des millions d'arbres sont abattus à Noël chaque année. Cette année, achète un arbre vivant dans un pot. Après Noël, laisse le sapin dans son pot dans le garage. Au printemps, tu peux planter ton sapin dans le jardin.

Conserve les ressources!

Nous jetons beaucoup: nous devons recycler. Cherche dans ton armoire, dans la cave, même sous ton lit … tu trouveras plein de choses que tu n'aimes plus. Les organisations charitables seront très contentes de recevoir tes anciennes affaires, et tu feras moins de déchets.

'Pas de sac, s'il vous plaît!'

Dans les magasins, on reçoit un sac avec tout. Mais les sacs en papier viennent des arbres, et les sacs en plastique, du pétrole. Leur fabrication augmente la pollution. Quand on t'offre un sac à la caisse, dis simplement 'Non merci'.

abattus	*felled*
par contre	*on the other hand*

2b Trouvez la bonne fin pour chaque phrase.

1 Si on prend une douche
au lieu d'un bain, …
2 Si on achète un sapin
de Noël vivant, …
3 Si on recycle ses affaires, …
4 Si on n'accepte pas les
sacs dans les magasins, …

a … on protège les arbres.
b … on économise l'eau.
c … on n'encourage pas la pollution.
d … on fait moins de déchets.

2c Copiez et complétez les blancs.

Une cinquième idée pour ▉▉▉ l'environnement: recycle le verre!
Il y a du verre ▉▉▉: les miroirs, les bouteilles, les anciennes
▉▉▉ mais nous jetons presque ▉▉▉ le verre que nous
employons. Recycler le verre économise l'▉▉▉ et protège les
ressources ▉▉▉. Apporte tes ▉▉▉ vides au centre de
recyclage, et ne mets ▉▉▉ du verre à la poubelle.

partout
tout
bouteilles
jamais
énergie
protéger
naturelles
lunettes

3 Choisissez une ville que vous connaissez bien. Copiez et complétez la fiche.

Nom de la ville:
....

Situation:..

Description: *C'est une grande*
ville industrielle/touristique ...
Distractions touristiques
(au moins 3):.................................
Il y a un château, etc
On peut visiter le musée ...

Loisirs (au moins 3):.......................
On peut jouer au tennis

Opinion personnelle:.......................
J'aime bien ... car c'est
Je n'aime pas ...

4 Écrivez une lettre sur votre ville/village pour ce magazine.

Sondage: Nos lecteurs, nos lectrices, où habitent-ils?

Écris-nous pour nous parler de ta ville/ton village …

Dis-nous:

■ où tu habites (*J'habite à … .*)
■ où ça se trouve (*C'est une grande ville dans le sud … .*)
■ ce qu'on peut y faire (*On peut faire …/visiter/aller au/à la…*)

Parle-nous:

■ d'une sortie récente dans ta ville/ton village (*Je suis allé(e) à/au/à la … J'ai fait … C'était extra!*)
■ d'où tu voudrais habiter à l'avenir (*Je voudrais habiter à … parce que …*)

Aux magasins

MODULE 6

 1 Repondez à ces questions en anglais.

1. What does this sign on the door of a shop tell you?
2. When is this shop open?
3. What will you find if you follow this sign?
4. What bargain does this sign tell you about?
5. What does this sign on a shop door say?
6. What do you get for €0,90?
7. What does this notice say?
8. What costs €68,60?
9. What does it say on the label of this jumper?
10. What does this sign on a shop door say?

1 FERMÉ

2 Ouvert jusqu'à 20h

3 Ascenseur ↗

4 −50% sur toutes nos K7

5 TIREZ

6 melons: €0,90 la pièce

7 soldes à partir du 1er août

8 pantalon en cuir: €68,60

9 ne pas laver à l'eau chaude

10 POUSSEZ

ÉCRIRE 2 Copiez et complétez la grille.

Magasin	On peut y acheter	
	1	2
Pharmacie	aspirine	sirop
Boulangerie		
Magasin de vêtements		
Boucherie		
Poste		
Magasin de musique		
Épicerie		

3 Votre petite sœur s'interesse à cette offre. Prenez des notes en anglais pour répondre à ses questions.

1 What can I keep in the mini rucksack? (4)
2 What is it made of, and what colours does it come in? (4)
3 How many vouchers from Méli-mélo do I need? (1)
4 What else do I need to send? (4)
5 When does the offer expire? (1)

OFFRE SPÉCIALE!

... avec les céréales Méli-mélo

MINI SAC À DOS

Dans ce sac à dos, tu peux garder toutes tes petites affaires: ton argent de poche, tes billets de bus, ta carte d'identité, même ton mouchoir …

Tout petit et en plastique, il existe en trois couleurs: rose foncé, bleu marine, ou noir.

Nom:

Adresse:

Méli-mélo 1

Si tu veux t'acheter ce super mini-cadeau, il faut collectionner 3 bons des paquets de Méli-mélo. Envoie-les avec un chèque de €6,40, et 3 timbres à €4,60, à Méli-mélo, 134 avenue Foch, 75340 Paris. N'oublie pas d'attacher ton nom et ton adresse.

Offre valable jusqu'au 31 décembre.

4 Écrivez une lettre à Jean-Christophe. Répondez à toutes ses questions.

Béziers, le 2 mars

Salut!

Merci de ta lettre.

C'était comment, ta visite à Oxford Street? Qu'est-ce que tu as acheté?

Est-ce qu'il y a beaucoup de magasins dans ta ville? Quelle sorte de magasin est-ce que tu préfères?

Ce week-end, je vais faire mes devoirs. Qu'est-ce que tu vas faire ce week-end?

Amitiés

Jean-Christophe

En vacances

1 Regardez les panneaux. Indiquez si les phrases sont vraies ou fausses.

1 On peut regarder la télévision au rez-de-chaussée.
2 Il n'y a pas de parking à l'hôtel.
3 Il faut laisser la clé à la réception si on sort.
4 On ne peut pas prendre le dîner à l'hôtel.
5 L'hôtel accepte les cartes de crédit.
6 On peut trouver du dentifrice à la réception.
7 On peut prendre le petit déjeuner à 10h10.

a Vous sortez? Prière de laisser votre clé à la réception.

b Le petit déjeuner est servi de 6h30 à 10h.

c La salle de télévision se trouve au rez-de-chaussée à côté de la réception.

d Pension complète?* Demandez à la réception.

e Garez-vous au parking de l'hôtel et pas dans la rue, s'il vous plaît.

f Nous n'acceptons pas les cartes de crédit.

g Si vous avez besoin d'une brosse à dents ou de dentifrice, demandez à la réception.

*pension complète   *full board*

2 Qu'est-ce que Caroline a fait en vacances? Complétez les phrases en français. Utilisez les images.

Exemple:
Caroline (voyager) en
Caroline a voyagé en avion.

1 Caroline (aller) à la

Caroline ▬▬ à la ▱ .

2 Elle (visiter) le

Elle ▬▬ lo ▱ .

3 Elle (faire) du

Elle ▬▬ du ▱ .

4 Il y avait et il faisait

Il y avait ▬▬ et il faisait ▱ .

5 Le soir, elle (danser) avec ses

Le soir, elle ▬▬ avec ses ▱ .

3a Regardez la brochure et répondez aux questions en anglais.

1 Where is the holiday village situated? *(1)*
2 Can you swim at 7pm on August 30th? *(1)*
3 What can you hire at the 'Base nautique'? *(3)*
4 Name two other leisure activities that you can do in the holiday village. *(2)*
5 Are the chalets open in winter? *(1)*
6 How many beds are there in each chalet? *(1)*
7 Can you eat in the restaurant on Christmas Day? *(1)*
8 Name one of the restaurant's specialities. *(1)*
9 What dessert is mentioned? *(1)*
10 Can you travel to the village by train? *(1)*

Village de Vacances 'Le Blaireau'

Situé dans la vallée de la Garonne, ce village de vacances de 9 hectares vous offre sur place toutes les facilités et les avantages pour réussir vos vacances.

Base nautique
(ouvert de 9h à 18h du 1er juillet au 31 août)

Baignade surveillée
Location: planche à voile, pédalo, canoë-kayak.

Loisirs
- Pêche sur plan d'eau
- Tir à l'arc
- VTT
- Jeu de boules
- Aire de jeu pour les enfants
- Zones de pique-niques

Hébergement
(ouvert toute l'année)

Les 50 chalets indépendants ont un coin-cuisine équipée, une salle de bains avec douche/W-C, et une terrasse privée équipée d'un salon de jardin.
4 personnes: séjour avec canapé, 2 chambres avec deux lits jumeaux.

Restaurant
(ouvert de 8h à 1h du matin, du 1er mai au 31 août)

Le Restaurant du **Blaireau** vous propose des spécialités (demi-lapin grillé, pizza) et des plats combinés. Dans la salle de restaurant ou sur la terrasse vous pouvez également savourer les coupes de glace.

Accès
Accessible par l' A60, sorties 12 ou 13, ou par la gare SNCF.
Informations/Réservations:
tél: 05 77 43 43 21

3b Vous avez passé vos vacances au village de vacances 'Le Blaireau'. Utilisez la brochure et écrivez une lettre à votre correspondante Chloé. Il faut mentionner:

- comment était le village de vacances (Le village de vacances était super.)
- vos activités (J'ai joué au tennis. J'ai fait du/de la ...)
- le temps (Il faisait beau/il pleuvait ...)
- quand vous êtes rentré(e) (Je suis rentré(e) il y a (deux) jours)
- ce que vous allez faire pendant le reste de l'été (Je vais faire/visiter ...)

Bienvenue en France!

Ça me fait rire

1
Sylvie: Quel est le plat préféré des extra-terrestres?
Marc: Je ne sais pas.
Sylvie: Les spagh-E.T.

2
La sœur: As-tu vu mon hamster? Il a disparu!
Le frère: C'est bizarre! Il était là ce matin quand j'ai nettoyé sa cage avec l'aspirateur!

3
Jean se prépare à plonger dans la piscine. 'Attention!', crie le sauveteur. 'Il n'y a pas d'eau dans la piscine!' 'Ce n'est pas grave,' répond Jean. 'Je ne sais pas nager.'

4
Au restaurant
• 'Avez-vous des cuisses de grenouille?' demande la cliente.
• 'Oui, madame', répond le serveur.
• 'Mon pauvre! Si vous portez toujours un pantalon, ça restera un secret!'

5
La fille: 'Papa, je suis très contente de ne pas être née en Allemagne!'
Le père: 'Pourquoi?'
La fille: 'Parce que je ne parle pas allemand!'

6
Isabelle: 'Veux-tu voir quelque chose de drôle?'
Marie: 'Oui.'
Isabelle: 'Regarde dans le miroir!'

7
Au magasin:
• Je peux vous aider, Madame?
• Je cherche un mouchoir pour mon mari.
• Oui, quelle est la taille de son nez?

8
Sébastien est très fier de son nouveau chien. Son ami lui demande:
• C'est quelle sorte de chien?
• C'est un chien policier.
• Mais il n'en a pas l'air!
• C'est parce que c'est un agent secret!

le sauveteur	*lifeguard*
fier de	*proud of*
de ne pas être née	*not to have been born*
drôle	*funny*
il n'en a pas l'air	*he doesn't look like one*

LIRE 1 Trouvez l'image qui correspond à chaque histoire drôle.

2 Copiez et complétez cette histoire drôle. Les mots qui manquent sont en bas.

Françoise et son amie Sandrine sont en ▨▨▨ à la campagne. Elles ont mangé un ▨▨▨ au bord d'une route où un autobus passe de temps en temps. Un fermier ▨▨▨ dans son champ.

Françoise parle au fermier:

• Bonjour, ▨▨▨ ! À quelle heure passe le bus pour Paris?

❏ À 14 ▨▨▨ 20.

• Merci.

Après un certain temps, Françoise ▨▨▨ au fermier:

• Et le bus pour Calais, il passe à ▨▨▨ heure?

❏ À 18 heures 30.

Quelques minutes plus tard, Sandrine dit:

• ▨▨▨ , Monsieur, à quelle heure passe l'autobus pour ▨▨▨ ?

❏ À 21 heures, répond le ▨▨▨ , qui commence à se fâcher.

Au bout de quelques minutes, Françoise dit:

• Finalement, Monsieur, à quelle heure ▨▨▨ le bus pour Le Touquet?

❏ Demain à 7 heures! crie le fermier, ▨▨▨ .

• Super! répond Françoise. On peut traverser la route sans danger!

Personne	Cadeau
Paul	*un livre*
le père de famille	
la mère de famille	
frère de Paul (6 ans)	
sœur de Paul (21 ans)	
grand-mère de Paul	
grand-père de Paul	

> se fâcher   *to get angry*

 3 Vous allez faire un échange en France. Faites une liste des cadeaux pour votre correspondant et sa famille.

4 Paul vous a envoyé un message. Répondez en français à toutes ses questions.

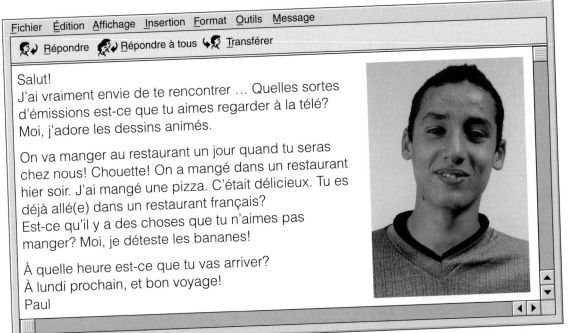

Fichier   Édition   Affichage   Insertion   Format   Outils   Message

Répondre   Répondre à tous   Transférer

Salut!
J'ai vraiment envie de te rencontrer … Quelles sortes d'émissions est-ce que tu aimes regarder à la télé? Moi, j'adore les dessins animés.

On va manger au restaurant un jour quand tu seras chez nous! Chouette! On a mangé dans un restaurant hier soir. J'ai mangé une pizza. C'était délicieux. Tu es déjà allé(e) dans un restaurant français?
Est-ce qu'il y a des choses que tu n'aimes pas manger? Moi, je déteste les bananes!

À quelle heure est-ce que tu vas arriver?
À lundi prochain, et bon voyage!
Paul

En bonne forme

CUISINE BONNE SANTÉ

Pipérade Basquaise

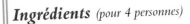

Ingrédients *(pour 4 personnes)*

6   œufs

1   poivron vert

1   poivron rouge

2   oignons

3   tomates

2   gousses d'ail

2   cuillerées à soupe d'huile d'olive

  Sel

  Poivre

  Un peu de persil haché

1 Couper les oignons, les poivrons, les tomates et l'ail en petits morceaux.

2 Faire chauffer l'huile d'olive dans une poêle.

3 Faire cuire les oignons, les poivrons et l'ail pendant 5 minutes.

4 Ajouter les tomates.

5 Faire mijoter pendant 25 minutes, à feu doux, en remuant de temps en temps.

6 Casser les œufs dans un bol avec le persil, et mélanger avec une fourchette.

7 Ajouter les œufs à la poêle, et faites cuire pendant 2 ou 3 minutes.

8 Ajouter du sel et du poivre.

9 Servir avec du pain et de la salade.

Bon appétit!

 1a **Quels ingrédients sont nécessaires?**
Notez les bonnes lettres.

1b Mettez les images dans le bon ordre.

2 Une journée typique. Regardez les symboles et écrivez des phrases.

Exemple: **1** *Je me lève à huit heures.*

Paul

1 Je me lève a sept heures et demie.
2 Au petit déjeuner je prends du pain et de la confiture.
3 Je bois du café.
4 Je vais au collège à pied.

5 Pendant la récré je joue aux cartes.
6 Après le collège j'écoute de la musique .
7 Je fais mes devoirs dans le salon.
8 Je me couche à dix heures.

Moi

1   2    3   4

5   6   7   8

3 Répondez en français à cet article. Il faut répondre à toutes les questions.

Es-tu en forme? On veut savoir!
Envoie-nous tes réponses à ces questions:
- Qu'est-ce que tu prends au petit déjeuner? *(Je prends …)*
- As-tu fait du sport récemment? *(J'ai fait du/de la … J'ai joué au …)*
- Aimes-tu les fruits et les légumes? *(J'aime … Je n'aime pas … Je préfère …)*
- À quelle heure est-ce que tu te couches d'habitude?
- Qu'est-ce que tu vas faire ce week-end? *(Je vais faire/jouer/aller …)*

Écris-nous vite; les meilleurs articles gagneront €25.

MODULE 10

Le transport

1 Regardez les panneaux et choisissez la bonne définition.

Eau potable

1

a L'eau est propre
b L'eau est sale

2 Défense de fumer

a On a le droit de fumer
b On n'a pas le droit de fumer

3 Compostez votre billet

a Mettez votre billet dans la machine
b Donnez votre billet au conducteur

4 Autoroute A2 fermée à cause d'accident

a L'autoroute A2 est ouverte
b On ne peut pas prendre l'autoroute A2

5 stationnement interdit

a On a le droit de laisser sa voiture ici
b On ne doit pas laisser sa voiture ici

6 Le train à destination de Lyon a 10 minutes de retard

a Le train est à l'heure*
b Le train n'est pas à l'heure

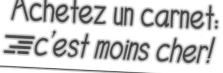

7 Cette salle d'attente est strictement réservée aux voyageurs

a Les voyageurs peuvent attendre ici
b Tout le monde* peut attendre ici

8 Guichet ouvert

a On peut acheter un billet ici
b On ne peut pas acheter un billet ici

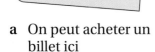

9 Achetez un carnet: c'est moins cher!

a Si on achète 10 billets, ça coûte moins cher
b Si on achète 10 billets, ça coûte plus cher

10 Parking réservé aux cars

a On a le droit de laisser sa voiture ici
b On ne doit pas laisser sa voiture ici

*est à l'heure   *is on time*
tout le monde   *everyone*

2 Votre correspondant(e) reste chez vous.
Écrivez un message en français.

Il faut mentionner :
- qu'il y a une boum ce soir
- où est la boum et à quelle heure elle commence
(la boum est chez ... à (huit) heures)
- comment y aller (Va/Tourne/Prends ...)
- comment vous rentrez chez vous (On va rentrer
à pied/en bus etc.)

 3 Vous faites votre stage à Paris. Vous
avez pris un message d'un homme
d'affaires anglais qui va visiter votre
patronne, Madame Laraucou.
Écrivez un message en français pour
elle. Il faut donner tous les détails.

M. Milwright de ▬▬ a téléphoné.
Il arrive le ▬▬ à 7h15. Il
voyage en ▬▬. Il va prendre un
▬▬ de l'aéroport à ▬▬. Il va y
rester ▬▬ nuits.

Il veut savoir comment aller de
▬▬ au bureau. Il a visité Paris
l'année dernière avec sa ▬▬. Il
aime aller à des ▬▬ et à des
▬▬ et il demande s'il aura du
temps libre.

Phone messages

From:

Mr Milwright, Anglia Computers

Message:

Arriving 30th June 7.15 a.m.,
coming by plane.
Taxi from airport to Hôtel
Gambetta. Staying 4 nights.
Wants directions from hotel to
office. Visited Paris last year
with family.
Likes going to concerts/museums.
Will he have some free time?

Grammaire

1 Nouns

Nouns are naming words. They are used to name things (chien *dog*, crayon *pencil*) people (tante *aunt*) and places (musée *museum*).

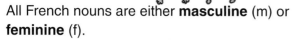

1.1 Gender

All French nouns are either **masculine** (m) or **feminine** (f).

Learning the gender of people is easy – men are masculine and women are feminine, e.g. le père (m), la mère (f).

But the gender of all other words must be learned by heart, e.g. la table (f), le stylo (m).

Entraînez-vous

Divide these words into two groups: masculine and feminine.

demi-sœur, frère, grand-mère, nièce, serveur, serveuse, table, stylo, rideau, concert, volley, veste, gomme, chat, chambre, avion, fromage, amie

1.2 Plurals

Plural means 'more than one'.

As in English, most French nouns add an **s** to show they are plural, e.g. des bonbon**s**, deux sœur**s**.

But nouns with the following endings are irregular and change like this.

Ending	Singular	Plural
-al	un cheval	des chevaux
-eu	le neveu	les neveux
-eau	un bateau	des bateaux

Entraînez-vous

Form the plural.

1 une chaussette des … 4 un cheveu des …
2 un cinéma des … 5 un animal des …
3 un cadeau des …

2 Articles

There are various small words (e.g.: the, a, some) which come before nouns. These are known as 'articles'.

2.1 'The'

The three words for 'the' are: **le** (m), **la** (f), **les** (plural).

Masculine	Feminine	Plural
le	la	les
l'	l'	

le vélo *the bike*, la voiture *the car*
les trains *the trains*

Attention: Le and **la** shorten to **l'** before a vowel or a mute 'h'. E.g.:

l'autobus *the bus*,

The words for 'the' are used:

● to translate the word 'the', e.g.:
Le chat est dans le salon.
The cat is in the sitting room.

● when talking about likes and dislikes, e.g.:
J'aime le foot et le tennis.
I like football and tennis.

● when talking about something in general terms, e.g.:
Les professeurs sont intelligents.
Teachers are intelligent.

● before the names of countries, e.g.:
La France est un beau pays.
France is a beautiful country.

Entraînez-vous

Fill in the gaps with **le**, **la** or **les**.

1 Je n'aime pas … tennis.
2 … professeurs sont mal payés.
3 Il est sur … table.
4 … Canada est un très beau pays.
5 Passe-moi … pain, s'il te plaît.

2.2 'A'

The word for 'a' or 'one' is either **un** (m) or **une** (f). E.g.:

un vélo *a bike*, une voiture *a car*
Un monocycle
a une roue.
*A unicycle has
one wheel.*

Entraînez-vous

Translate these phrases using either **un** or **une**.

1 one brother 3 one shop 5 a present
2 a dress 4 a station

2.3 'Some'

The words for 'some' are **du** (m), **de la** (f), **des** (plural).

Masculine	Feminine	Plural
du	de la	des
de l'	de l'	

du coca *some cola*, de l'eau *some water*,
de la salade *some salad*, des bananes
some bananas

Attention: Use **de l'** before a vowel or a mute 'h'.

The words for 'some' are used:

● when translating the word 'some', e.g.:
Donne-moi du papier. *Give me some paper.*

● when there is no article in English, e.g.:
J'ai acheté du pain et de la glace. *I bought bread and ice-cream.*

Entraînez-vous ▬▬▬▬

Choose the correct ending. Remember to check if the noun is masculine or feminine, singular or plural.

1 Passe-moi du … pain/tomates.
2 J'ai mangé de la … haricots/tarte.
3 Avez-vous des … stylos/crayon?
4 Est-ce qu'il y a du … papier/cahiers?
5 Je prends de l' … café/eau minérale.

3 Verbs

Verbs are doing words, e.g. jouer *to play*, aller *to go*, sentir *to feel*.

3.1 The infinitive

This is the verb in its unchanged form, as you would find it listed in the dictionary, e.g.: regarder *to watch,* finir *to finish*, être *to be*. There are some instances where you can use the infinitive form as it is. However, most of the time, you need to change the infinitive to agree with the subject and to show the tense (see below).

You use the infinitive:

● after the following expressions:
Il faut *it is necessary to, you have to*
E.g.: Il faut changer. *You have to change.*
Il est interdit de *It is forbidden to*
E.g.: Il est interdit de fumer. *You are not allowed to smoke.*

● after these verbs:
adorer *to adore*
aimer *to like*
détester *to hate*
devoir *to have to*
pouvoir *to be able to*
préférer *to prefer*
vouloir *to want to*
aider à *to help to*
apprendre à *to learn to*
commencer à *to start to*

continuer à *to continue to*
encourager à *to encourage to*
choisir de *to choose to*
décider de *to decide to*
essayer de *to try to*
proposer de *to suggest*
refuser de *to refuse to*

E.g.: On peut aller à la pêche. *One/you can go fishing.*
J'aime nager. *I like swimming.*
Il a commencé à pleuvoir. *It started to rain.*

● After the word 'pour' *in order to.*
Je fume pour avoir plus de confiance en moi. *I smoke in order to have more self-confidence.*

Entraînez-vous ▬▬▬▬

Copy the sentences and underline the infinitive. Then translate them into English.

1 Il faut attendre ici.
2 On peut visiter le château.
3 Je dois rester à la maison.
4 J'essaie de faire du sport tous les jours.
5 Je prépare les ingrédients pour faire une omelette.

3.2 The present tense

The present tense is used to talk about:

● what is happening now
● what usually happens.

E.g.: je regarde *I watch* or *I **am** watch**ing***

Regular verbs

The formation of regular verbs follows a pattern.

Take the ending off the infinitive (e.g. take away **-er**, **-ir**, or **-re**), and add on the correct ending as shown:

-er verbs (e.g. regard**er** *to watch*)

je regard**e**	nous regard**ons**
tu regard**es**	vous regard**ez**
il/elle/on regard**e**	ils/elles regard**ent**

-ir verbs
*(e.g. fin**ir** to finish)*

je fin**is**	nous fin**issons**
tu fin**is**	vous fin**issez**
il/elle/on fin**it**	ils/elles fin**issent**

-re verbs
*(e.g. attend**re** to wait)*

j'attend**s**	nous attend**ons**
tu attend**s**	vous attend**ez**
il/elle/on attend	ils/elles attend**ent**

Irregular verbs

These verbs have their own unique pattern, and must be learned by heart. See verb tables on page 179.

See verb tables on page 179.

> **Entraînez-vous**
>
> Refer to the regular verb patterns above, then change these infinitives. Give two present tense meanings for each verb. E.g.:
> je (ranger) je range (*I tidy, I am tidying*)
>
> 1 tu (habiter) 4 vous (finir)
> 2 on (descendre) 5 elles (attendre)
> 3 nous (décider)

Depuis

The word 'depuis' is used to say how long something has been happening, e.g.:

> Je regarde la télé depuis 50 minutes.
> *I have been watching TV for 50 minutes.*

It is used with the present tense, e.g.:

> Je suis membre du club depuis trois ans.
> *I have been a member of the club for three years.*

Expressions with *avoir*

These expressions use the verb **avoir** in French where English uses **to be**:

avoir chaud *to be hot* avoir froid *to be cold*
avoir faim *to be hungry* avoir soif *to be thirsty*
avoir … ans *to be … years old*
avoir peur *to be afraid*

E.g.: J'ai faim *He is hungry*
J'avais peur *I was frightened*

3.3 The perfect tense

The perfect tense is used to talk about something which happened in the past, e.g.:

> J'ai regardé *I watched* or *I have watched*.

Two parts are needed to form the perfect tense:

- the **present tense** of the verb **avoir** or **être**
- the **past participle** of the main verb

Avoir verbs

The vast majority of verbs form their perfect tense with **avoir**.

avoir (present tense)

j'ai	nous avons
tu as	vous avez
il/elle/on a	ils/elles ont

Regular verbs

The **past participle** of the main verb is formed as follows.

-er verbs: take off **-er** and add **-é**, e.g. regardé *watched*

-ir verbs: take off **-r**, e.g. fini *finished*

-re verbs: take off **-re** and add **-u**, e.g. attendu *waited*

Irregular verbs

The **past participle** of irregular verbs needs to be learned by heart.

j'ai **bu** *I drank*	j'ai **dû** *I had to*
j'ai **connu** *I knew*	j'ai **voulu** *I wanted*
j'ai **cru** *I believed*	j'ai **été** *I was*
j'ai **eu** *I had*	j'ai **fait** *I made/did*
j'ai **lu** *I read*	j'ai **pris** *I took*
j'ai **su** *I knew*	j'ai **mis** *I put*
j'ai **vu** *I saw*	j'ai **conduit** *I drove*
j'ai **pu** *I could*	j'ai **écrit** *I wrote*
j'ai **appris** *I learned*	
j'ai **compris** *I understood*	

Être verbs

Thirteen verbs form their perfect tense with **être**.

être (present tense)

je suis	nous sommes

tu es	vous êtes
il/elle/on est	ils/elles sont

The perfect tense of être verbs is formed with the present tense of **être + the past participle** of the main verb.

je suis **allé(e)** *I went*   je suis **parti(e)** *I left*
je suis **venu(e)** *I came* je suis **resté(e)** *I stayed*
je suis **monté(e)** *I went up*
je suis **descendu(e)** *I went down*
je suis **arrivé(e)** *I arrived*
je suis **né(e)** *I was born*
je suis **mort(e)** *I died*
je suis **entré(e)** *I entered*
je suis **sorti(e)** *I went out*
je suis **retourné(e)** *I went back*
je suis **tombé(e)** *I fell*

Reflexive verbs also use **être**.

Je me suis couché(e). *I went to bed.*

Attention: With **être** verbs in the perfect tense, add **-e** to the past participle for feminine, add **-s** for plural, and add **-es** for feminine plural, e.g.:

Elle est parti**e**. *She left.*
Marie et Laure sont sorti**es**. *Marie and Laure went out.*

Entraînez-vous ▬▬▬▬▬▬

Write each verb in the perfect tense; then write what it means. E.g.: Je + (regarder) J'ai regardé. *I watched, I have watched.*

1 Tu + (aider)   4 Vous + (faire)
2 On + (boire)   5 Elle + (prendre)
3 Nous + (voir)

Entraînez-vous ▬▬▬▬▬▬

Complete these perfect tense verbs with the right part of être. Then write what they mean. E.g.: Elles … parties. Elles sont parties. *They left, they have left.*

1 Vous … nés   4 Nous … montés
2 Elle … venue   5 Tu … arrivé
3 Ils … retournés

3.4 The imperfect tense

The imperfect tense is used to:
● describe what things were like in the past
● say what was happening at a given moment
● say what used to happen.

Je regardais *I was watching* or *I used to watch*

The following imperfect endings are a sign that the imperfect tense is being used.

Imperfect endings

je	-ais	nous	-ions
tu	-ais	vous	-iez
il/elle/on	-ait	ils/elles	-aient

J'avais un chien. *I used to have a dog.*
Il faisait beau. *The weather was nice.*

Attention: For **être** (*to be*), the imperfect endings are added onto the stem, **ét-**.

J'étais triste. *I was sad.*
C'était chouette. *It was great.*

Entraînez-vous ▬▬▬▬▬▬

What were the suspects doing when the murder was committed? Translate the alibis. E.g.: Je passais l'aspirateur. *I was doing the hoovering.*

1 Je faisais mes devoirs.
2 Je jouais aux cartes avec des amis.
3 Je mangeais un hamburger chez MacDo.
4 Je me douchais.
5 J'étais au cinéma.

3.5 The near future tense

The near future tense is used to talk about what is *going to happen* in the future.

Je vais regarder. *I am going to watch.*

It is formed from:
● the present tense of the verb **aller**
● the infinitive of the main verb.

Je vais aller au cinéma.
I'm going to go to the cinema.
Elle va avoir un bébé.
She's going to have a baby.

Entraînez-vous ▉▉▉▉▉

Write the verb in the near future tense, then complete the sentence so that it makes sense. E.g.: Je (finir) …   Je vais finir mes devoirs.

1 Je (manger)   4 Nous (sortir)
2 Tu (faire)   5 Vous (jouer)
3 Il (aller)

3.6   The future tense

The future tense is used to talk about what *will happen* in the future.

> Je regarderai
> *I will watch*

It is formed by adding the future tense ending onto the future stem.

Future tense endings

je	-ai	nous	-ons
tu	-as	vous	-ez
il/elle/on	-a	ils/elles	-ont

Future tense stems

Regular verbs:
For regular **-er** and **-ir** verbs the future tense stem is the same as the infinitive.

For regular **-re** verbs, the future stem is formed by taking off the final **-e**.

Irregular verbs:
For irregular verbs, the future tense stems need to be learned by heart.

Verb	Future tense stem
aller	ir-
être	ser-
avoir	aur-
faire	fer-

> e.g.: Tu visiteras *You will visit*
> Nous aurons *We will have*

Entraînez-vous ▉▉▉▉▉

Translate the fortune-teller's predictions.

1 Vous travaillerez en Afrique.
2 Vous achèterez une Ferrari.
3 Vous vous marierez à l'âge de 30 ans.
4 Vous aurez cinq enfants.
5 Vous ferez le tour du monde.

3.7   The conditional tense

The conditional tense is used to say what *would happen* in the future.

> Je regarderais *I would watch*

It is formed by adding imperfect endings to the future stem.

> J'**irais** en Amerique, si j'étais riche.
> *I **would go** to America if I were rich.*
> Elles **voudraient** rester à la maison.
> *They **would like** to stay at home.*

Entraînez-vous ▉▉▉▉▉

What would you do if you won the Lottery? Complete each sentence.

1 J'achèterais …   4 J'irais …
2 Je visiterais …   5 J'aurais …
3 J'habiterais …

3.8   Reflexive verbs

These are normal verbs but, as well as having the usual pronouns *je, tu, il/elle/on, nous, vous, ils/elles*, they have an extra pronoun. The reflexive pronouns are **me**, **te**, **se**, **nous**, **vous**, **se**. A reflexive verb is written with 'se' before the infinitive. E.g.:

se coucher *to go to bed.*

je **me** couche	nous **nous** couchons
tu **te** couches	vous **vous** couchez
il/elle/on **se** couche	ils/elles **se** couchent

In the perfect tense, reflexive verbs go with **être**, and the reflexive pronoun comes before the part of être, e.g.: Nous **nous** sommes bien amusés. *We enjoyed ourselves.*

Entraînez-vous

Write out each verb in the present tense, then translate it into English, e.g.: Je (se coucher)   Je me couche *I go to bed.*

1 tu (s'amuser)
2 il (se lever)
3 elle (s'appeler)
4 on (se laver)
5 ils (s'arrêter)

3.9   The imperative

The imperative form of the verb is used to tell somebody what to do. It is a command or instruction.

> Regarde! Regardez! *Look!*

When speaking to people you would call 'tu', use the 'tu' form of the verb, e.g.: Lis! *Read!* For **-er** verbs only, take off the final **-s**, e.g.: Regarde! *Look!*

When speaking to people you would call 'vous', use the 'vous' form of the verb, e.g.: Regardez! *Look!*

Reflexive verbs need an extra part:

> Lève-**toi**. *Stand up!*
> Levez-**vous**! *Stand up!*

3.10   The present participle

The present participle is like '**-ing**' endings in English. So, **en + present participle** means 'while you were doing something'.

> E.g.: En regardant par la fenêtre j'ai vu Alex. **While I was looking** out of the window I saw Alex.

Present participles are formed by adding **-ant** to the end of the verb stem.

4   Questions

4.1   Question words

Qui? *Who?*   Où? *Where?*
Quand? *When?*   Que? *What?*
Comment? *How?*
À quelle heure? *At what time?*
Combien? *How much? How many!*

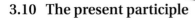

Combien de temps? *How long?*
D'où? *From where?*
Pourquoi? *Why?*

Entraînez-vous

Choose the correct answer to each question:

1 Où habites-tu?   Paris./Trois ans.
2 Quand est-ce qu'on part?
                          Le 21 juin./En train.
3 Qui a fait ce gâteau?   Muriel./Des œufs.
4 Comment voyages-tu?
                          À 4h14./En voiture.
5 D'où vient-elle?   De Londres./En France.

To use a question word to ask a question:

● put the question word at the end, raise your voice and add a question mark

> Il arrive à quelle heure? *At what time does he arrive?*
> Tu voyages comment? *How are you travelling?*

Attention: Don't put 'que' at the end of a sentence.

● put the question word at the beginning, and use '**est-ce que**' after it

> À quelle heure est-ce qu'il arrive?
> Comment est-ce que tu voyages?

● put the question word at the beginning, and change the order of the subject and verb.

> À quelle heure arrive-t-il?
> Comment voyages-tu?

Entraînez-vous

Ask your penfriend these questions, using any of the above methods. Write down your questions.

1 What time he is arriving.
2 When he is leaving.
3 What he prefers eating.
4 Why he is going to Paris.
5 How he is travelling there.

4.2 Intonation

You can ask questions which don't use a question word by:

● making the statement, raising the pitch of your voice and adding a question mark

Il est malade? *Is he ill?*
Paris est la capitale de la France?
Is Paris the capital of France?

● using the phrase '**Est-ce que**' at the start of the sentence, raising the pitch of your voice and adding a question mark

Est-ce qu'il est malade?
Est-ce que Paris est la capitale de la France?

● changing the order of the subject and verb.

Est-il malade?
Paris est-elle la capitale de la France?

Entraînez-vous ▰▰▰▰▰▰▰

Write these questions to your penfriend, using any of the above methods.

1 Do you like cheese?
2 Do you have a brother?
3 Do you watch 'Grandstand'?
4 Do you play basketball?
5 Have you visited London?

4.3 'Quel'

'Quel' means which/what and comes before a noun.

'Quel' changes like this:

	Masculine	Feminine
Singular	quel	quelle
Plural	quels	quelles

Quel est le jour? *What is the day?*
Quelle est la date? *What is the date?*
Quels sont tes passe-temps? *What are your hobbies?*
Quelles chaussures est-ce que tu préfères? *Which shoes do you prefer?*

Entraînez-vous ▰▰▰▰▰▰▰

Choose **quel**, **quelle**, **quels** or **quelles**.

1 … fille?   4 … dames?
2 … garçon?   5 … homme?
3 … livres?

5 Negatives

5.1 'Ne … pas'

'Ne … pas' forms a sandwich round the main verb and means 'not'.

Elle **ne** regarde **pas**. *She is not watching.*
Je **ne** voudrais **pas** aller en France.
I would not like to go to France.

Attention: Ne becomes **n'** before a vowel or a mute 'h'.

Je **n'**ai **pas** d'animal. *I do not have a pet.*

In the perfect tense, 'ne … pas' forms a sandwich round the part of avoir or être.

Je **n'**ai **pas** visité l'Amérique. *I have not visited America.*
Tu **n'**es **pas** sorti(e) hier soir? *Didn't you go out last night?*

After '**pas**', **du**, **de la**, **un**, **une** and **des** become '**de**'.

Je n'ai pas de frères. *I haven't got any brothers.*
Il n'y a pas de piscine. *There isn't a swimming pool.*

Entraînez-vous ▰▰▰▰▰▰▰

Make these sentences negative using 'ne pas'.

1 Je vais à la plage.   4 J'ai fait mes devoirs.
2 J'ai un stylo.   5 Je suis arrivé(e) à
3 J'ai bu du coca.   l'heure.

5.2 Other negatives

These work in the same way as 'ne … pas'.

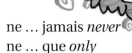

ne … jamais *never*
ne … que *only*
ne … plus *no longer*
ne … rien *nothing*
ne … ni … ni *neither nor*
ne … aucun *not a single, none at all*

Elle n'habite plus ici. *She doesn't live here any more.*
Je n'ai rien mangé. *I didn't eat anything.*

Entraînez-vous

Translate these sentences.

1 Je n'ai rien bu.
2 Il n'y a ni cinéma ni piscine dans la ville.
3 Je n'ai aucune idée.
4 Je n'ai que €10.
5 Je ne suis jamais allée en Belgique.

5.3 'Ne … personne'

'Ne … personne' means 'nobody'.

Je n'aime personne.
I like nobody. / I do not like anybody.

Look out for sentences with personne at the start:

Personne n'est venu à la boum.
Nobody came to the party.
Qui est absent? Personne!
Who is absent? Nobody!

6 Adjectives

Adjectives are describing words, e.g.: bleu *blue*, heureux *happy*, ennuyeux *boring*.

6.1 Regular adjectives

Adjectives add endings which *agree* with the gender and number of the noun(s) being described.

Add **-e** to a feminine noun   Ma chambre est grand**e**. *My bedroom is big.*

Add **-s** to a masculine plural noun   Mes livres sont intéressant**s**. *My books are interesting.*

Add **-es** to a feminine plural noun   Ses chaussures sont vert**es**. *His shoes are green.*

Entraînez-vous

Add an ending to the adjective if needed.

1 Ma chambre est (petit).
2 Mon frère est (intelligent).
3 Les magasins sont (fermé).
4 Mes sœurs sont (amusant).
5 Ma ville est (animé).

6.2 Irregular adjectives

1 Adjectives which already end in **-e** do not add an extra **-e**.

Elle est rouge. *It is red.*

2 Adjectives with one of these endings change as follows.

Ending (m)	Change (f)	Example
-eux/-eur	-euse	Il est heureux. Elle est heureuse.
-il/-el	-ille/-elle	Il est gentil. Elle est gentille.
-ien	-ienne	Il est italien. Elle est italienne.
-er	-ère	Il est cher. Elle est chère.
-aux	-ausse	Il est faux. Elle est fausse.
-f	-ve	Il est sportif. Elle est sportive.
-s	-sse	Il est gros. Elle est grosse.

3 These adjectives never change.

chic *smart*   cool *cool*
extra *great*   génial *brilliant*
super *super*   marron *brown*

Entraînez-vous ▌▌▌

Choose the right adjective.

1 Ma mère est (heureux/heureuse).
2 Mes frères sont (italiens/italiennes).
3 Les filles sont (actifs/actives).
4 Elle est (gentille/gentilles).
5 Ma sœur est (intelligent/intelligente).

6.3 Beau, nouveau, vieux

These adjectives follow a special pattern.

Masculine	Masculine plural	Feminine	Feminine plural
beau	beaux	belle	belles
nouveau	nouveaux	nouvelle	nouvelles
vieux	vieux	vieille	vieilles

Attention: If the noun being described is masculine singular and begins with a vowel or mute 'h', use the form **bel**, **nouvel**, or **vieil**.

une nouvelle maison *a new house*
les beaux garçons *the handsome boys*
un vieil arbre *an old tree*

Entraînez-vous ▌▌▌

Change the adjective, if necessary.

1 la (nouveau) maison
2 les (vieux) livres   4 les (vieux) maisons
3 la (beau) fille   5 le (beau) homme

6.4 Position of adjectives

Most adjectives come after the noun.

une veste bleue *a blue jacket*
un livre allemand *a German book*

But these short, common adjectives come before the noun.

petit *small*	grand *big*
bon *good*	mauvais *bad*
nouveau *new*	vieux *old*
beau *nice*	ancien *former*
autre *other*	jeune *young*

Entraînez-vous ▌▌▌

Put the adjective in the right place.

1 des filles (intelligentes)
2 un ballon (autre)
3 une rue (petite)
4 des maisons (énormes)
5 des chaussettes (vieilles)

6.5 Comparative and superlative

Adjectives can be used to compare things with each other, e.g.: 'Sara is tall, Anna is taller, Marie is the tallest.'

plus … (que) *more … (than)*
moins … (que) *less … (than)*
aussi … (que) *just as … (as)*

Marie est plus grande que Sara.
Marie is taller than Sara.
Marie est la plus grande.
Marie is the tallest.
C'est le garçon le plus intelligent de la classe. *He's the most intelligent boy in the class.*

Entraînez-vous ▌▌▌

Translate these sentences.

1 Marie est moins grande que Paul.
2 Je suis plus cool que Paul.
3 Qui est le garçon le plus bête de la classe?
4 Parlez plus lentement, s'il vous plaît.
5 Elle est partie aussi vite que possible.

6.6 'This', 'these'

'This' and 'these' are demonstrative adjectives. They come before a noun, and like other adjectives, they agree with the noun. The words for 'this' are **ce** (m), **cet** (m), **cette** (f). The word for these is **ces** (plural).

Masculine	Feminine	Plural
ce	cette	ces
cet		

Attention: Ce changes to **cet** before a vowel or a mute 'h'.

> ce garçon *this boy*, cet homme *this man*, cette femme *this woman*, ces gens *these people*

Entraînez-vous

Fill in the gaps with **ce**, **cette**, **cet** or **ces**.

1 … chaussures sont belles.
2 Tu aimes … jean?
3 Je préfère … hôtel.
4 … stylo ne marche pas.
5 … église est magnifique.

6.7 Possessive adjectives

Possessive adjectives show who owns something. They come before the noun and agree with the noun (not the owner), e.g.: sa sœur *his/her sister*, son frère *his/her brother*.

	Masculine	Feminine	Plural
my	mon	ma	mes
your (tu)	ton	ta	tes
his/her	son	sa	ses
our	notre	notre	nos
your (vous)	votre	votre	vos
their	leur	leur	leurs

Attention: Mon, **ton** or **son** is used before a feminine word starting with a vowel or 'h'.

> Où est mon stylo? *Where's my pen?*
> Elle adore sa chambre. *She loves her room.*
> Il a perdu ses clefs. *He has lost his keys.*

Entraînez-vous

Translate these phrases.

1 our father
2 your (tu) parents
3 his sister
4 her sister
5 your (vous) mother

7 Pronouns

Pronouns stand in place of a noun, e.g.: it, her, we.

7.1 Subject pronouns

Pronoun	Use
je *I*	when speaking about yourself (becomes j' before a vowel)
tu *you*	when speaking to a friend, family member, child, young person, animal
il *he/it*	instead of a masculine noun
elle *she/it*	instead of a feminine noun
on *one, we*	to speak about people in general
nous *we*	
vous *you*	when speaking to more than one person, a stranger, an adult you don't know well
ils *they*	for more than one male, masculine nouns or a mixed group
elles *they*	for more than one female or a feminine noun

Entraînez-vous

Would you use **tu** or **vous** to talk to these people?

1 a stranger in the street
2 your penpal's little sister
3 an adult you meet on a campsite
4 a teenager you meet on a campsite
5 a group of friends

7.2 Object pronouns

An object pronoun stands in place of a noun which is the object of the sentence.

> I like Peter. I like **him**.
> Can you see the plane? Can you see **it**?
> Look at those shoes! Look at **them**!

Object pronouns

Masculine nouns	Feminine nouns	Plural nouns
le *him/it*	la *her/it*	les *them*

The pronoun comes before all parts of the verb.

Je la déteste. *I hate her* or *I hate it.*
Nous l'avons mangé. *We ate it.*
Je les ai laissés à la maison. *I left them at home.*

Attention:

● lui *to him/her*   ● leur *to them.*

Je lui ai dit de rester à la maison.
I told him to stay at home.
Elle leur donne des devoirs.
She gives them homework.

Entraînez-vous ▬▬▬

Translate these questions and answers:

1 Où est le gâteau? Nous l'avons mangé.
2 Tu as tes devoirs? Non, je les ai laissés à la maison.
3 Tu as vu ce film? Oui, je l'ai vu.
4 Tu as parlé au professeur? Oui, je lui ai parlé.
5 Est-ce qu'ils ont de l'argent? Oui, je leur ai donné €30.

7.3   'Y'

'Y' means 'there'. It comes before all parts of the verb.

J'y suis allé(e) hier. *I went there yesterday.*
On y reste tout l'été. *We stay there all summer.*

7.4   'En'

'En' means some, any, of them. It comes before all parts of the verb.

Il y en a dix. *There are ten of them.*
Je n'en ai pas. *I haven't got any (of them).*

7.5   Pronouns after prepositions

After words like avec *with*, chez *at the house of*, you need to use:

moi *me*	nous *us*	elles *them (f)*
toi *you*	vous *you*	eux *them (m)*
elle *her*		
lui *him*		
chez toi *at your house*		avec lui *with him*

Entraînez-vous ▬▬▬

Translate these phrases using the correct pronouns.

1 at my house   4 at our house
2 with her   5 with you
3 with them (m)

8   Prepositions

8.1   Prepositions

Prepositions tell you the position of something in relation to something else.

Le bureau est contre le mur.
The desk is against the wall.
Le lapin est au milieu de la pelouse.
The rabbit is in the middle of the lawn.

devant *in front of*
derrière *behind*
dans *in*
contre *against*
entre *between*
sur *on*
sous *under*
vers *towards*
chez *at the house of*
avec *with*

à côté de *next to*
au bout de *at the end of*
au fond de *at the back of*
au milieu de *in the middle of*
autour de *round*
de l'autre côté de *on the other side of*
en face de *opposite*

Entraînez-vous ▬▬▬

Where did you see the criminal? Translate these phrases.

1 devant la poste
2 de l'autre côté de la rue Victor Hugo
3 en face du stade
4 dans l'autobus numéro 4
5 sous le pont

8.2 'À'

'À' means 'to' or 'at'. When **à** comes before **le**, you use **au**. When **à** comes before **les**, you use **aux**.

> Je vais au cinéma. *I go to the cinema.*
> Tournez à gauche aux feux. *Turn left at the lights.*

Entraînez-vous ▰▰▰▰▰▰

Write out using **à**, **au** or **aux**.

1 à+ le cinéma   4 à+ les restaurants
2 à+ la piscine   5 à+ le marché
3 à+ les magasins

8.3 'To' or 'in' with names of places

● 'to' or 'in' + name of town = **à**
   Elle habite à Londres. *She lives in London.*
● 'to' or 'in' + names of region/country = **en**
   Il habite en Normandie en France.
   He lives in Normandy in France.
● 'to' or 'in' + name of masculine country = **au**
   Je vais au Portugal. *I'm going to Portugal.*

Entraînez-vous ▰▰▰▰▰▰

Choose the right word for **to** or **in**.

1 Je vais … France.
2 Je passe mes vacances ... Portugal.
3 J'habite … Glasgow.
4 Tu vas … Espagne?
5 Nous habitons … Canada.

---

9 Numbers

9.1 Numbers

1	un/une	11	onze
2	deux	12	douze
3	trois	13	treize
4	quatre	14	quatorze
5	cinq	15	quinze
6	six	16	seize
7	sept	17	dix-sept
8	huit	18	dix-huit
9	neuf	19	dix-neuf
10	dix	20	vingt

21	vingt et un
22	vingt-deux
30	trente
40	quarante
50	cinquante
60	soixante
70	soixante-dix
71	soixante et onze
72	soixante-douze
80	quatre-vingts
81	quatre-vingt-un
82	quatre-vingt-deux
90	quatre-vingt-dix
91	quatre-vingt-onze
92	quatre-vingt-douze
100	cent
101	cent un
200	deux cents
201	deux cent un
1000	mille

9.2 First, second, third

1ère premier/première *first*
2ème deuxième *second*
3ème troisième *third*

10 Days, dates and times

10.1 Days

In French, days of the week start with a small letter.

> lundi *Monday*
> mardi *Tuesday*
> mercredi *Wednesday*
> jeudi *Thursday*
> vendredi *Friday*
> samedi *Saturday*
> dimanche *Sunday*

Attention:

on Monday = lundi
> Je vais à Paris lundi. *I'm going to Paris on Monday.*

every Monday, on Monday**s** = le lundi/tous les lundis.
> Je vais à Paris le lundi.
> *I go to Paris every Monday.*

10.2 Dates

In French, months start with a small letter.

janvier *January*
février *February*
mars *March*
avril *April*
mai *May*
juin *June*
juillet *July*
août *August*
septembre *September*
octobre *October*
novembre *November*
décembre *December*

Attention:

on **the** 12th February = **le 12** février

> On est parti le 2 mars.
> *We left on the 2nd of March.*

10.3 Times

dix heures *10 o'clock*
dix heures et demie *half past ten*
dix heures et quart *quarter past ten*
dix heures moins le quart *quarter to ten*
dix heures cinq *five past ten*
dix heures moins cinq *five to ten*

à dix heures **at** *10 o'clock*
il **est** dix heures *it* **is** *10 o'clock*

Verb tables

Present tense of key irregular verbs

avoir *to have*

j'ai	nous avons
tu as	vous avez
il/elle/on a	ils/elles ont

être *to be*

je suis	nous sommes
tu es	vous êtes
il/elle/on est	ils/elles sont

aller *to go*

je vais	nous allons
tu vas	vous allez
il/elle/on va	ils/elles vont

faire *to do, to make*

je fais	nous faisons
tu fais	vous faites
il/elle/on fait	ils/elles font

Present tense of other irregular verbs

apprendre *to learn (see **prendre**)*

boire *to drink*

je bois	nous buvons
tu bois	vous buvez
il/elle/on boit	ils/elles boivent

comprendre *to understand (see **prendre**)*

conduire *to drive*

je conduis	nous conduisons
tu conduis	vous conduisez
il/elle/on conduit	ils/elles conduisent

connaître *to know (a person or place)*

je connais	nous connaissons
tu connais	vous connaissez
il/elle/on connaît	ils/elles connaissent

croire *to believe*

je crois	nous croyons
tu crois	vous croyez
il/elle/on croit	ils/elles croient

devoir *to have to*

je dois	nous devons
tu dois	vous devez
il/elle/on doit	ils/elles doivent

dormir *to sleep*

je dors	nous dormons
tu dors	vous dormez
il/elle/on dort	ils/elles dorment

écrire *to write*

j'écris	nous écrivons
tu écris	vous écrivez
il/elle/on écrit	ils/elles écrivent

lire *to read*

je lis	nous lisons
tu lis	vous lisez
il/elle/on lit	ils/elles lisent

mettre *to put*

je mets	nous mettons
tu mets	vous mettez
il/elle/on met	ils/elles mettent

partir *to leave*

je pars	nous partons
tu pars	vous partez
il/elle/on part	ils/elles partent

pouvoir *to be able to*

je peux	nous pouvons
tu peux	vous pouvez
il/elle/on peut	ils/elles peuvent

prendre *to take*

je prends	nous prenons
tu prends	vous prenez
il/elle/on prend	ils/elles prennent

revenir *to come back (see* **venir**)

savoir *to know*

je sais	nous savons
tu sais	vous savez
il/elle/on sait	ils/elles savent

sentir *to feel, smell*

je sens	nous sentons
tu sens	vous sentez
il/elle/on sent	ils/elles sentent

venir *to come*

je viens	nous venons
tu viens	vous venez
il/elle/on vient	ils/elles viennent

vouloir *to want*

je veux	nous voulons
tu veux	vous voulez
il/elle/on veut	ils/elles veulent

Vocabulaire anglais–français

A

A levels	le bac
a.m.	du matin
about	environ
advertising	la publicité
again	encore une fois
against	contre
airport	l'aéroport (m)
you are allowed to …	on a le droit de …
also	aussi
I am	je suis
and	et
to answer the phone	répondre au téléphone
they are	ils/elles sont
art	le dessin
at	à
at my house	chez moi

B

baseball cap	une casquette
bathroom	la salle de bains
to be	être
beach	la plage
(green) beans	les haricots (verts) (mpl)
beard	une barbe
because	parce que
bed	un lit
bedroom	une chambre
Belgium	la Belgique
the best	le/la meilleur(e)
by bike	à vélo
bill	l'addition (f)
birthday	un anniversaire
black	noir(e)
block of flats	un immeuble
blonde	blond(e)
blouse	un chemisier
blue	bleu(e)
bookshop	la librairie
boring	ennuyeux/euse
break	la récré(ation)
brilliant!	génial!
brochure	une brochure
brother	un frère
brown	marron
brown hair	les cheveux bruns (mpl)
bus	un bus
to buy	acheter

C

café	un café
cake	un gâteau
to go camping	faire du camping
campsite	le camping
Canada	le Canada
can I …	est-ce que je peux …
canteen	la cantine
carrot	une carotte
cartoons	les dessins animés (mpl)
castle	le château
cat	le chat
cereal	les céréales (fpl)
chatty	bavard(e)
cheese	le fromage
chicken	le poulet
chips	les frites (fpl)

church	une église
cinema	le cinéma
to close	fermer
coat	le manteau
to have a cold	être enrhumé(e)
compulsory	obligatoire
computer	l'ordinateur (m)
concert	le concert
to continue	continuer
to cost	coûter
in the/ to the country	à la campagne
crisps	les chips (mpl)
crossroads	le carrefour
curly	bouclé(e)
cute	mignon(ne)
to go cycling	faire du vélo

D

day	le jour
the day after tomorrow	après-demain
to deliver newspapers	distribuer les journaux
difficult	difficile
disco	la disco
dog	le chien
I don't like	je n'aime pas
double bed	un grand lit
drink	une boisson

E

early	de bonne heure
to earn	gagner
ears	les oreilles
easy	facile
egg	un œuf
English	l'anglais
every day	tous les jours
excuse me	excusez-moi
expensive	cher/ère
eyes	les yeux

F

family	la famille
is it far?	c'est loin?
father	le père
favourite	préféré(e)
first floor	le premier étage
fish	un poisson
to go fishing	aller à la pêche
fizzy	gazeux/euse
flat	un appartement
flu	la grippe
it's foggy	il fait du brouillard
on foot	à pied
for	pour
it is forbidden to …	il est interdit de …
France	la France
free	gratuit(e)
free time	le temps libre
French	le français
friends	les amis
in front of	devant
funny	marrant(e)
in the future	à l'avenir

G

game-show	un jeu télévisé
garden	le jardin
German	l'allemand
Germany	l'Allemagne

I get on well with	je m'entends bien avec
I get up	je me lève
I go/am going	je vais
he/she goes/is going	il/elle va
go up	monter
good at	fort(e) en
good-bye	au revoir
gram	une gramme
ground floor	le rez-de-chaussée

H

ham	le jambon
happy	content(e)
hard-working	travailleur/euse
he/she has	il/elle a
hate	je déteste
I have	j'ai
head	la tête
health	la santé
heart disease	les maladies cardiaques (fpl)
hello	bonjour
help	aider
her	son/sa/ses
his	son/sa/ses
history	l'histoire (f)
holiday job	un job
homework	les devoirs
to hoover	passer l'aspirateur
to go horse-riding	faire de l'équitation
hospital	l'hôpital (m)
it's hot	il fait chaud
hot chocolate	un chocolat chaud
hour	une heure
house	la maison
at my house	chez moi
at your house	chez toi
at X's house	chez X
how do I get to …	pour aller à …
how long	combien de temps
how much/many	combien

I

ice cream	une glace
ice rink	la patinoire
in	dans/à/en
indoors	à l'intérieur
inside	dedans
interesting	intéressant(e)
interview	un interview
he/she is	il/elle est
it is	c'est
is there	est-ce qu'il y a
it	il/elle
Italy	l'Italie

J

jam	la confiture
jeans	le jean
journey	le voyage
(orange) juice	un jus (d'orange)
jumper	un pullover

K

keep fit	garder la forme
kilogram	un kilo
kind	gentil/le
kitchen	la cuisine

L

| (foreign) languages | les langues étrangères (fpl) |

to last	durer
last year	l'année dernière
to lay the table	mettre la table
lazy	paresseux/euse
to leave	quitter/partir
lesson	un cours
lettuce	la salade
I like	j'aime
to live	habiter
London	Londres
to look like	ressembler à
lost property	les objets trouvés
lottery ticket	un billet de loterie
luggage lockers	la consigne automatique
lunch	le déjeuner

M

main course	le plat principal
make-up	le maquillage
to make your bed	faire son lit
map	une carte
market	le marché
maths	les maths
meat	la viande
medium-sized	moyen/ne
menu	la carte
(pocket) money	l'argent (de poche)
month	le mois
mother	la mère
motorway	une autoroute
museum	le musée
mushroom	un champignon
music	la musique

N

his/her name is	il/elle s'appelle
do you need …?	tu as besoin de …?
next	prochain(e)
next to	à coté de
next year	l'année prochaine
nice	sympa
night	une nuit
not bad	pas mal
notebook	un cahier
novel	un roman

O

office	le bureau
often	souvent
OK	d'accord
old	vieux/vieille
old-fashioned	démodé(e)
omelette	une omelette
opposite	en face de
outdoors	en plein air
outside	dehors

P

parking	le stationnement
pasta	les pâtes
pavement	le trottoir
PE	le sport/l'EPS
peas	les petits pois
pedestrian zone	une zone piétonne
pen	un stylo
pencil	un crayon
people	les gens
per person	par personne
pet	un animal
pink	rose
to play	jouer

police station	le commissariat
pollution	la pollution
potato	une pomme de terre
prescription	une ordonnance
present	un cadeau
public transport	les transports en commun

R

I read	j'ai lu
red hair	les cheveux roux
reduction	une réduction
return ticket	un aller-retour
rice	le riz
roundabout	le rond-point
rubber	une gomme
ruler	une règle

S

to save money	mettre de l'argent de côté
school	l'école
science	les sciences
at/to the seaside	au bord de la mer/à la mer
sea view	une vue sur la mer
secretary	un(e) sécretaire
to see	voir
selfish	égoïste
to serve customers	servir les clients
to share	partager
shop	un magasin
shopping centre	un centre commercial
shy	timide
sister	une sœur
to sit an exam	passer un examen
soap/TV series	le savon/un feuilleton
sometimes	parfois, quelquefois
I have a sore …	j'ai mal a …
southwest	le sud-ouest
Spain	l'Espagne
Spanish	l'espagnol
sports centre	le centre de sports
stadium	le stade
to start	commencer
starter	un hors-d'œuvre
stationery (department)	la papeterie
to stay	rester
to stay at home	rester à la maison
straight on	tout droit
strict	sévère
student	un(e) étudiant(e)
studies	les études
stupid	bête
subject	une matière
summer holidays	les grandes vacances
it is sunny	il fait du soleil
to surf the (inter)net	surfer sur l'internet
to swim	nager
swimming pool	la piscine
swimsuit	un maillot de bain
Switzerland	la Suisse

T

table	une table
teacher	le professeur
technology	la technologie

thank you	merci
that	ça
there is/are	il y a
throat	la gorge
from time to time	de temps en temps
tired	fatigué(e)
toast	le pain grillé
today	aujourd'hui
tomato	une tomate
tomorrow	demain
too (much)	trop (de)
toothpaste	le dentifrice
town	une ville
town hall	l'hôtel de ville
town plan	le plan de la ville
traffic	la circulation
traffic jams	les embouteillages (mpl)
trainers	les baskets (fpl)
traveller's cheques	les chèques de voyage (fpl)
trousers	un pantalon
tuna(fish)	le thon
turn	tourner
twin beds	deux petits lits

U

I don't understand	je ne comprends pas
unemployed	au chômage
United States	les États-Unis
university	l'université/la faculté
unwell	malade
upstairs	en haut
usually	d'habitude
useful	utile

V

vegetables	les légumes (mpl)
vegetarian	végétarien(enne)
very	très
vocational training	la formation professionnelle

W

waiting room	la salle d'attente
to go for a walk	faire une promenade
it was	c'était
to do the washing-up	faire la vaisselle
to watch TV	regarder la télé
weak at	faible en
week	une semaine
he/she weighs …	il/elle pèse …
I went	je suis allé(e)
what kind …?	quelle sorte …?
what time …?	à quelle heure …?
where is …?	où est …?
to go windsurfing	faire de la planche à voile
it's windy	il y a du vent
with	avec
to work	travailler
work experience	un stage en entreprise
I would like	je voudrais
year	un an
yellow	jaune
yesterday	hier
yoghurt	un yaourt
youth hostel	une auberge de jeunesse

Vocabulaire français–anglais

A

à feu doux	at a low heat
à ... kilomètres de	... kilometers from
100 km à l'heure	at 100 km an hour
à ... km/m/ minutes	... km/m/minutes away
abattu(e)	slaughtered
un abricot	apricot
accepter une chambre	to take a room
accompagner	to accompany
d' accord	OK
à acheter	to buy
un(e) acteur(actrice)	an actor
s' adapter	to adapt yourself
l' addition (f)	the bill
additionner	to add
adolescent(e)	adolescent
adorer	to love
l' adresse (f)	the address
un(e) adulte	an adult
l' aéroport (m)	the airport
les affaires (fpl)	things
une affiche	a poster
l'heure d'affluence	the rush hour
affreux(affreuse)	awful
l' âge (m)	the age
âgé(e) de ...	... years old
un agent de police	a policeman/woman
l' aggressivité	aggression
il s' agit de ...	it is about ...
agréable	pleasant
aider	to help
l' ail	garlic
aimable	friendly
aimer	to like
j' aimerais mieux	I would prefer
je n' ai pas de	I don't have any
ainé(e)	older
avoir l' air	to seem
une aire de jeu	a playground
ajouter	to add
l' alcool (m)	alcohol
l' alimentation (f)	food
Si on allait ...	How about going ...
l' Allemagne	Germany
l' allemand (m)	German
allemand(e)	German
aller	to go
un aller-retour	return ticket
un aller-simple	single ticket
allô	Hello
les Alpes	the Alps
une ambulance	an ambulance
américain(e)	American
l' Amérique (f)	America
un(e) ami(e)	a friend
amicalement	with best wishes
un film	
d' amour	romantic film
l' amour	love
amusant(e)	funny,fun
s' amuser	to have fun
un an	year
un ananas	a pineapple
ancien(ne)	ancient/former
l' anglais (m)	English
en anglais	in English

l' Angleterre (f)	England
un animal marin	a sea animal
les animaux (mpl)	animals, pets
animé(e)	busy
une année	a year
un anniversaire (m)	a birthday
une annonce	an advert
l' annuaire téléphonique (m)	the phone directory
un anorak	a jacket
août	August
c'est ...	it's ... on the phone
à l' appareil (m)	
un appareil-photo	a camera
un appartement	a flat
s' appeler	to be called
apporter	to bring
apprendre	to learn
un(e) apprenti(e)	an apprentice
après	then,after
après-demain	the day after tomorrow
l' après-midi (m)	the afternoon
un arbre	a tree
l' argent de poche	pocket money
une armoire	a wardrobe
s' arrêter	to stop
l' arrivée (f)	the arrival
arriver	to arrive
arriver à la maison	to get home
l' art dramatique	drama
les arts martiaux	martial arts
un ascenseur	a lift
passer l' aspirateur (m)	to vacuum
assez de	enough
une assiette	a plate
l' Atlantique	Atlantic
attendre	to wait
atterrir	to touch down
attirer	to attract
une auberge de jeunesse	youth hostel
augmenter	to increase
aujourd'hui	today
un jeune garçon/ une jeune fille	
au pair	an au pair boy/girl
une auto	a car
un autobus	a bus
automatique	automatic
en automne	in autumn
autour de	around
autoritaire	bossy
une autoroute	a motorway
autre	other
autres	others
à l' avance	in advance
avant	before
un avantage	an advantage
avec	with
une avenue	an avenue
un avion	a plane
À mon avis	In my opinion
avoir	to have
avoir ... ans	to be ... years old
avril	April

B

jouer au babyfoot	to play table football
faire du babysitting	to do babysitting
le bac/baccalauréat	A-Level equivalent
les bagages (mpl)	luggage
une baguette	French bread
la baignade	bathing
se baigner	to bathe
un bal	dance
le balcon	the balcony
une baleine	a whale
un ballon	a balloon, ball
une banane	a banana
une bande dessinée	comic strip/cartoon
la banlieue	the suburbs
la banque	the bank
le bar	the bar
barbant(e)	boring
une barbe	a beard
en bas	downstairs
le basket	basketball
les baskets (mpl)	trainers
le bateau	the boat
se battre	to fight
bavard(e)	chatty
bavarder	to chat
il fait beau	it is sunny
beau(belle)	beautiful
beaucoup de	a lot of
un beau-père	a stepfather
la beauté	beauty
un bébé	a baby
belge	Belgian
la Belgique	Belgium
une belle-mère	a stepmother
avoir besoin de	to need
bête	stupid
le beurre	butter
la bibliothèque	the library
un bic	biro
bicolore	two-coloured
aller bien	to be well
bien payé(e)	well paid
bien sûr	of course
bienvenue	welcome
une bière	a beer
un bifteck	a steak
les bijoux (mpl)	jewellery
un billet	a ticket
un billet de €...	€... note
la biologie	biology
un biscuit	a biscuit
grosses bises	Lots of love
bizarre	strange
blanc(he)	white
un blanc	a blank
se blesser	to hurt oneself
blessé(e)	wounded
bleu(e)	blue
bleu marine	navy blue
blond(e)	blond
bloquer	to block
un blouson	a track-suit top
le bœuf	beef
bof	well (exclamation for when you are not too bothered about something)
boire	to drink

le bois	wood
en bois	wooden
une boisson	a drink
une boîte	a night-club/a tin
une boîte aux lettres	a letter box
une bol	a bowl
bon(bonne)	good
un bon	a voucher
bon anniversaire	happy birthday
bon appétit	enjoy your food
bon séjour	have a good trip
bon voyage	have a good journey
bon week-end	have a good week-end
un bonbon	a sweet
bonne année	happy New Year
bonne chance	good luck
bonne fête	happy Saint's day
de bonne heure	early
bonne idée	good idea
bonne journée	have a good day
bonne nuit	good night
bonnes vacances	have a good holiday
bonsoir	good evening
au bord de la mer	beside the sea
Bordeaux	Bordeaux
border	to border
un(e) boucher/ère	a butcher
bouclé(e)	curly
un(e) boulanger/ère	a baker
la boulangerie	the bakery
les boules	bowls
le boulevard	the boulevard
les petits boulots	part-time jobs
une boum	a party
une bouteille	a bottle
la boutique	the shop
le bras	the arm
la Bretagne	Brittany
une bretelle	a strap
britannique	British
une brochure	a brochure
il y a du brouillard	it's foggy
le bruit	noise
brun(e)	brown
Bruxelles	Brussels
le buffet	restaurant
un bureau	an office
le bureau de renseignements	the information office
le bureau de tabac	the tobacconist's
le bus	the bus

C

Ça va?	Are you OK?
une cabine téléphonique	a phone booth
un cadeau	a present
cadet(te)	younger
un café-crème	a coffee with hot milk
un cahier	an exercise book
la caisse	the cash desk
un(e) caissier/ière	a cashier
Calais	Calais
calme	quiet
à la campagne	in the country
le camping	the campsite
faire du camping	to go camping
le Canada	Canada

un canapé	a sofa
le cancer	cancer
un canoë-kayak	a canoe
la cantine	the canteen
une capuche	a hood
le car	the coach
les Caraïbes	the Caribbean
une caravane	a caravan
un carnet	a book of tickets
une carotte	a carrot
le carrefour	the crossroads
une carte	a card/menu/map
une carte d'identité	an ID card
une carte postale	a postcard
jouer aux cartes	to play cards
en cas d'urgence	in an emergency
un casque	a helmet
une casquette	a cap
casse-pieds	annoying
casser	to break
la cathédrale	the cathedral
la cave	the cellar
un CD	a CD
célèbre	famous
célibataire	single
une centaine	a hundred
dans le centre	in the centre
le centre commercial	the shopping centre
le centre de recyclage	the recycling centre
un centre sportif	a sports centre
les céréales (fpl)	cereal
une cerise	a cherry
C'est …	It's …
C'est-à-dire	That is to say
une chaîne hi-fi/ stéréo	a hi-fi/stereo system
une chaise	a chair
chaque	every
la chambre	the bedroom
une chambre de libre	a free room
le champ	the field
un champignon	a mushroom
chanter	to sing
un(e) chanteur/euse	singer
la charcuterie	pork butcher's
un chat	a cat
le château	the castle
il fait chaud	it is hot
avoir chaud	to be hot
chauffer	to heat
un(e) chauffeur/euse	a driver
une chaussette	a sock
une chaussure	a shoe
le chef	the boss
le chemin de fer	the railway
une chemise	a shirt
un chèque de voyage	a traveller's cheque
cher(chère)	expensive
chercher	to look for
le cheval	the horse
les cheveux (mpl)	hair
les cheveux bizarres	weird hairstyles
chez moi/toi/ lui/elle	at my/your/his/ her house
chic	trendy
un chien	a dog
une chiffre	a figure

la chimie	chemistry
les chips (mpl)	crisps
un chocolat chaud	a hot chocolate
Vous avez choisi?	Have you chosen?
choisir	to choose
le choix	the choice
le chômage	unemployment
une chose	a thing
un chou	a cabbage
chouette	great
un chou-fleur	a cauliflower
ci-dessous	above
ci-dessus	below
une cigarette	a cigarette
aller au cinéma	to go to the cinema
la circulation	traffic
un cirque	a circus
une cité	a housing estate
un citron	a lemon
clair(e)	light (colour)
en classe	in class
la clé	the key
un(e) client(e)	a client
le club	the club
un coca	a coke
avoir mal au cœur (m)	to feel sick
le cœur	the heart
un(e) coiffeur/euse	a hairdresser
le coin	the corner
le collège /CES	secondary school
colorié(e)	coloured
Combien de temps?	How long?
C'est combien?	How much is it?
un film comique	a comedy
commander	to order
comme ci, comme ça	so-so
commencer	to start
pour commencer	to start with
Comment dit-on … ?	How do you say…?
le commerce	business
le commissariat	the police station
communiquer	to communicate
complet (complète)	full
composez le numéro	dial the number
composter	to punch (a ticket)
Je ne comprends pas	I don't understand
les comprimés (mpl)	tablets
Service (non) compris	Service (not) included
un concert	a concert
un concours	a competition
conduire	to drive
la confiance	confidence
confirmer	to confirm
la confiserie	confectioner's
la confiture	jam
un jour de congé	a day's holiday
la consigne	left luggage
contenir	to contain
content(e)	happy
continuer	to continue
être contre	to be against

par contre	on the other hand
cool	cool
un(e) copain/copine	a friend
le corps	the body
C'est correct?	Is that right?
un(e) correspondant(e)	a penfriend
sur la côte	on the coast
la Côte d'Azur	the Riviera
le côté	the side
d'un autre côté	on the other side (of argument)
à côté de	next to
en coton	cotton
se coucher	to go to bed
une couleur	a colour
la Coupe du Monde	the World Cup
couper	to cut
la cour	the playground
le courrier	the post
le courrier électronique	email
le cours	the lesson
avoir cours à …	to have lessons at …
faire les courses	to do the shopping
court(e)	short
un(e) cousin(e)	a cousin
le coussin	the cushion
un couteau	a knife
coûter	to cost
une cravate	a tie
un crayon	a pencil
créer	to create
la crème	cream
une crêpe	crêpe, pancake
critiquer	to criticise
un croissant	a croissant
un croque-monsieur	cheese on toast with ham
les crudités (fpl)	raw vegetable salad
une cuillère	a spoon
en cuir	leather
cuire	to cook
faire la cuisine	to do the cooking
la cuisine	the kitchen
la cuisinière à gaz	the gas cooker
la cuisse de grenouille	frog's leg
le cyclisme	cycling

D

d'accord	alright
d'abord	first
dans	in
la danse	dancing
danser	to dance
la date	the date
débarrasser la table	to clear the table
au début	at the beginning
décembre	December
les déchets (mpl)	rubbish
déchiffrer	to decode
décider	to decide
décrire	to describe
décrochez	pick up the receiver
dedans	inside
la déesse	the goddess
Défense de …	You are not allowed to …

un défilé	a parade
un degré	a degree
se déguiser (en …)	to dress up (as …)
dehors	outside
le déjeuner	lunch
délicieux (délicieuse)	delicious
demain	tomorrow
demander	to ask
un demi-frère	a half/step-brother
un(e) demi-pensionnaire	a day pupil
une demi-sœur	a half/step-sister
démodé(e)	old-fashioned
les dents (fpl)	teeth
le dentifrice	toothpaste
un(e) dentiste	a dentist
le départ	the departure
dépenser	to spend
un dépliant	a leaflet
depuis	since, for
derrière	behind
descendre	to go down
la description physique	physical description
désirer	to want
Vous désirez?	What would you like?
désolé(e)	sorry
le dessert	dessert
le dessin	art
un dessin animé	a cartoon
le dessus	the top
détester	to hate
la deuxième classe	second class
devant	in front of
devenir	to become
les devoirs (mpl)	homework
un diable	a devil
le dieu	the god
difficile	hard
le dimanche	Sunday
le dîner	supper
dire	to say
les directions (fpl)	directions
la discipline	discipline
disparaître	to disappear
disponible	available
une dispute	an argument
les distractions (fpl)	the attractions
distribuer les journaux	to deliver newspapers
ça ne me dit rien	that doesn't interest me
divorcé(e)	divorced
un documentaire	a documentary
un doigt	a finger
le domaine	the area
quel dommage	what a shame
donc	so, therefore
donnez-moi …	give me …
dormir	to sleep
le dos	the back
une douche	a shower
Douvres	Dover
une douzaine	a dozen
la drogue	drugs
drogué(e)	drugged, drug addict
se droguer	to take drugs

on a le droit de …	… is allowed
à droite	on the right
drôle	funny
du … au …	from … until …
durer	to last

E

une eau minérale	a mineral water
un échange	an exchange
une école	a school
écolo(gique)	ecological
faire des économies	to save money
économiser	to save
l' Écosse (f)	Scotland
écouter	to listen to
l' éducation physique (f)	sport
efficace	effective
une église	a church
un jeu électronique	video game
l' élève (m)	a pupil
un embouteillage	a traffic jam
les émissions de télévision (fpl)	TV programmes
un emploi	a job
l' emploi du temps (m)	the timetable
un(e) employé(e)	an employee
employer	to use
emporter	to carry away
… en français?	… in French?
en	in
encore	more
encourager	to encourage
l' endroit (m)	the place
énerver	to annoy
les enfants (mpl)	children
ennuyeux	boring
enrégistrer	to check in
être enrhumé(e)	to have a cold
enseigner	to teach
ensoleillé(e)	sunny
ensuite	then
s' entendre avec	to get on with
enterrer	to bury
entier (entière)	whole
entouré(e) de	surrounded by
l' entraînement (m)	training
une entrée	entrance ticket/ hall/entrance
avoir envie de	to want to
l' environnement	the environment
les environs	the surroundings
envoyer	to send
une épaulette	a shoulder pad
une épicerie	the grocer's
l' EPS/le sport	PE/games
équilibré(e)	balanced
une équipe	a team
l' équitation (f)	horse riding
un escalier	a staircase
l' espagnol (m)	Spanish
espagnol(e)	Spanish
espérer	to hope
essayer de	to try to
dans l' est (m)	in the east
n' est pas là	… is not there
l' estomac (m)	the stomach
l' estuaire (m)	the estuary
Et avec ça?	Anything else?

un étage	a floor
les États-Unis	the United States
en été	in summer
à l' étranger	abroad
être	to be
étroit(e)	narrow
un(e) étudiant(e)	student
étudier	to study
l' Euro (m)	the Euro
faire une excursion	to go for an outing
je m' excuse	I'm sorry
excusez-moi	excuse me
extra!	great!

F

la fabrication	the manufacture
la fac/faculté	university
en face de	opposite
fâché(e)	angry
facile	easy
un(e) facteur	postman/ postwoman
être faible/fort en …	to be bad/good at …
avoir faim	to be hungry
faire	to do
faire un apprentissage	to do an apprenticeship
ça me fait rire	it makes me laugh
les faits (mpl)	the facts
une chambre de famille	a family room
fatigué(e)	tired
il faut …	one/you must …
un fauteuil	an armchair
faux(fausse)	wrong
une femme	a woman, wife
la fenêtre	the window
fermé(e)	closed
fermer	to close
un(e) fermier/ière	a farmer
la fête	a festival
les fêtes (fpl)	special days
le feu	the fire
un feu d'artifice	fireworks
le feu rouge	the red light
un feuilleton	a soap
les feux	traffic lights
février	February
s'en ficher de	not to care about
une fille	a daughter
un film	a film
un fils	a son
la fin	the end
finir	to end
une fleur	a flower
le foie gras	foie gras (preserved goose or duck liver)
une fois	a time, once
foncé	dark
le football	football
la formation	the team
la formation professionnelle	professional training
être en forme	to be healthy/fit
formidable	fantastic
fort(e)	strong
le four à micro ondes	the microwave oven
une fourchette	a fork

une fraise	a strawberry
une framboise	a raspberry
le français	French
français(e)	French
la France	France
francophone	French-speaking
un frère	a brother
le frigo	the fridge
les frites (fpl)	chips
il fait froid	it is cold
avoir froid	to be cold
le fromage	cheese
un fruit	fruit
les fruits de mer (mpl)	seafood
la fumée	smoke
fumer	to smoke
fumeur/ non-fumeur	smoking/ non-smoking
furieux(euse)	furious

G

gagner	to earn, win
un gant	a glove
un garage	a garage
un garçon	a waiter
garder	to keep
un(e) gardien(ne)	a caretaker
le gardien (de but)	the goalkeeper
à la gare	at the station
la gare routière	the bus station
garer	to park
un gâteau	a cake
à gauche	on the left
le gaz	gas
en général	usually
génial(e)	wonderful
le genou	the knee
les gens (malades) (mpl)	(sick) people
gentil(le)	kind
la gentillesse	kindness
la géographie	geography
un gîte	a gite
une glace	an ice-cream
une gomme	a rubber
la gorge	the throat
le goût	the taste
le goûter	snack
Grâce à …	Thanks to …
le graffiti	graffiti
une gramme	a gram
un grand lit	a double bed
le grand magasin	the department store
grand(e)	tall
la Grande-Bretagne	Great Britain
les grandes vacances (fpl)	summer holidays
un(e) grand-père (-mere)	a grandfather (-mother)
un grand-parent	a grandparent
gras(se)	fat
gratuit	free of charge
grave	serious
grec(que)	Greek
la Grèce	Greece
grièvement	gravely, seriously
la grippe	the flu
gris(e)	grey

gros(se)	fat
un groupe	a group
la guerre	war
le guichet	the ticket office
la gymnastique	gymnastics

H

habillé(e)	dressed
les habitants (mpl)	the inhabitants
habiter	to live
d' habitude	usually
une habitude	a habit
s' habituer	to get used to
haché(e)	chopped
un hamburger	a hamburger
les haricots verts (mpl)	green beans
en haut	upstairs, above
l' hébergement	accommodation
un héros	A hero
par heure	per hour
l' heure (f)	time
l' heure d'affluence	rush hour
l' heure du déjeuner	lunchtime
à quelle heure?	at what time?
à huit heures	at 8 o'clock
les heures d'ouverture	opening times
heureux(euse)	happy
hier	yesterday
l' histoire (f)	history
historique	historical
en hiver	in winter
un HLM	a council flat
le hockey sur glace	(ice) hockey
hollandais(e)	Dutch
l' Hollande (f)	Holland
un homme d'affaires	a businessman
un hôpital	a hospital
l' horaire (f)	the timetable
un film d'horreur	a horror film
l' hors-d'œuvre (m)	starter
Merci de votre hospitalité	Thank you for your hospitality
à l' hôtel	at the hotel
l' hôtel de ville	the town hall
une hôtesse de l'air	an air hostess
l' huile (f)	oil
huit heures cinq	five past eight
huit heures et demie	half past eight
huit heures et quart	quarter past eight
huit heures moins cinq	five to eight
huit heures moins le quart	quarter to eight
une huître	an oyster
hurler	to howl
un hypermarché	a hypermarket

I

idiot(e)	daft
il n'y a pas de …	there aren't any …
il n'y a plus de	there are no more
il n'y en a pas	we haven't got any
il y a	there is/are
une île	an island
illuminé(e)	floodlit
immédiatement	at once

un immeuble	*a block of flats*
	impatient(e)	*impatient*
un	imperméable	*a raincoat*
	impoli(e)	*rude*
	impressionnant(e)	*impressive*
une	incendie	*a fire*
un	inconvénient	*a disadvantage*
	industriel(le)	*industrial*
un(e)	infirmier	
	(infirmière)	*a nurse*
les	informations *(fpl)*	*news*
l'	informatique *(f)*	*IT*
un(e)	ingénieur(e)	*an engineer*
les	installations *(fpl)*	*installations*
	intelligent(e)	*intelligent*
	interdit(e)	*forbidden*
il est interdit de …	*… is forbidden*
	intéressant(e)	*interesting*
à l'	intérieur	*indoors*
un(e)	interprète	*an interpreter*
	introduisez (la	*put in (the*
	télécarte/pièce)	*phonecard/coin)*
l'	intrus *(m)*	*the odd one out*
les	invitations *(fpl)*	*invitations*
les	invités	*guests*
	irlandais(e)	*Irish*
l'	Irlande	
	(du nord) *(f)*	*Northern Ireland*
l'	Italie *(f)*	*Italy*
	italien(ne)	*Italian*

J

ne … jamais	*never …*
la	jambe	*the leg*
une	jambière	*a shinpad*
le	jambon	*ham*
	janvier	*January*
le	jardin	*the garden*
faire du jardinage	*to do the gardening*
	jaune	*yellow*
un	jean	*jeans*
	jeter	*to throw away*
un	jeu	*a game*
un	jeu télévisé	*a game show*
	jeudi	*Thursday*
	jeune	*young*
jouer aux	*to play electronic*
	jeux vidéo	*games*
un	job	*a temporary job*
un	jogging	*track-suit bottom*
	joindre	*to join, link*
	joli(e)	*pretty*
	jouer	*play*
un	joueur	*a player*
par	jour	*per day*
un	jour	*a day*
	jour férié	*a public holiday*
un	journal	*a news bulletin*
la	journée scolaire	*the school day*
tous les jours	*every day*
le 14 juillet	*Bastille day*
	juillet	*July*
	juin	*June*
une	jupe	*a skirt*
le	jus d'orange	*orange juice*
un	jus de …	*a … juice*
	jusqu'à	*until/up to*

K

un kilo	*a kilo*

L

là-bas	*over there*
la	laboratoire	*the laboratory*
le	lac	*the lake*
en	laine	*in wool*
	laisser	*to leave*
au	lait *(m)*	*with milk*
une	lampe	*a lamp*
une	langue étrangère	*a foreign language*
un	lapin	*a rabbit*
	large	*big*
le	lavabo	*the basin*
	laver	*to wash*
le	lave-vaisselle	*the dishwasher*
la	lecture	*reading*
	léger (légère)	*light*
un	légume	*a vegetable*
le	lendemain	*the next day*
une	lettre	*a letter*
se	lever	*to get up*
	libre	*free*
au	lieu de	*instead of*
avoir	lieu à	*it takes place in …*
une	limonade	*a lemonade*
	lire	*to read*
faire le lit	*to make the bed*
aller au lit	*to go to bed*
un	litre	*a litre*
un	livre	*a book*
	livrer	*to deliver*
se	livrer à	*to be engaged in*
la	livre sterling	*the pound sterling*
	local	*local*
la	location	*the rental*
le	logement	*housing/*
		accommodation
	loin de	*far from*
la	Loire	*the Loire*
	loisirs	*leisure facilities*
	Londres	*London*
	long(ue)	*long*
	louer	*to rent*
	lundi	*Monday*
la	lune	*the moon*
les	lunettes *(fpl)*	*glasses*
	lui	*him, her*
le	lycée	*secondary school/*
		grammar school
le	lycée technique	*technical secondary*
		school
	Lyon	*Lyons*

M

la	machine à laver	*washing machine*
un	magasin	*a shop*
un	magazine	*a magazine*
	magnifique	*magnificent*
	mai	*May*
un	maillot de bain/	*a swimsuit/*
	de hockey	*a hockey jersey*
la	main	*the hand*
la	mairie	*the town hall*
	mais	*but*
à la	maison	*at home*
une	maison	
	individuelle	*detached house*
une	maison jumelée	*semi-detached*
		house
une	maison	
	mitoyenne	*terraced house*

le	maître	*the master*
pas mal de …	*quite a lot of ..*
avoir	mal à …	*to have a … ache*
être	malade	*to be ill*
une	maladie	*an illness*
	(alimentaire)	*(food-related)*
	malheureux/euse	*unhappy*
une	maman	*a mother*
la	Manche	*the English Channel*
	manger	*to eat*
	manquer (le train)	*to miss (the train)*
un	manteau	*a coat*
le	maquillage	*make-up*
un	marché	*a market*
	mardi	*Tuesday*
un	mari	*a husband*
un	mariage	*a wedding*
	marié(e)	*married*
se	marier	*to marry*
le	marketing	*marketing*
	marron	*brown*
	mars	*March*
un	match de foot	*a football match*
un	matelas	*a mattress*
les	maths *(fpl)*	*maths*
ma	matière	*my favourite*
	préférée *(f)*	*subject*
le	matin	*the morning*
ce	matin	*this morning*
il fait mauvais	*it is bad weather*
	méchant(e)	*naughty*
un(e)	médecin	*doctor*
la	Méditerranée	*the Mediterranean*
	mélanger	*to mix*
être	membre de …	*to be a member*
		of …
les	membres de	
	la famille *(mpl)*	*family members*
	même	*same*
au	même temps	*at the same time*
faire le ménage	*to do the housework*
	ménager(ère)	*household*
le	menu à €100	*€100 menu*
	mercredi	*Wednesday*
une	mère	*a mother*
la	mer	*the sea*
Vous voulez laisser	*Do you want to*
un	message?	*leave a message?*
la	messe	*Mass*
	mesurer … m	*to be … m tall*
la	météo	*the weather report*
les	métiers *(mpl)*	*jobs*
le	métro	*the underground*
	mettre la table	*to lay the table*
les	meubles *(mpl)*	*furniture*
le	Midi	*the South of France*
	midi/minuit	*midday/midnight*
aller	mieux	*to be better*
	mignon/ne	*sweet, cute*
	mijoter	*to simmer*
	mince	*slim*
une	minute	*a minute*
un	miroir	*a mirror*
	mixte	*mixed*
à la	mode	*fashionable*
	moderne	*modern*
	moi	*me*
	moins que	*less than*
un	mois	*a month*
le	monde	*the world*

tout le monde	everyone
la monnaie	change
Monsieur	Sir
à la montagne	in the mountains
monter	to go up
la moquette	the carpet
le morceau	the piece
une moto	a motorbike
un mouchoir	a handkerchief
mourir	to die
la moutarde	mustard
le mouton	the sheep
le Moyen Âge	the Middle Ages
le mur	the wall
le musée	the museum
écouter	
de la musique	to listen to music

N

nager	to swim
la natation	swimming
les nationalités (fpl)	nationalities
né(e) le …	born on …
il neige	it is snowing
nettoyer	to clean
neuf (neuve)	brand new
le nez	the nose
Noël	Christmas
noir	black
le nom	the name
dans le nord	in the north
une note	a grade
la nourriture	food
nouveau (nouvelle)	new
novembre	November
un nuage	a cloud
une nuit	a night
par nuit	per night
le numéro	the number

O

les objets trouvés (mpl)	lost property
obligatoire	compulsory
l' océan (m)	the ocean
octobre	October
un œil	eye
un œuf	an egg
à l' office de tourisme	at the tourist office
une offre	an offer
offrir	to offer, give
un oignon	an onion
un oiseau	a bird
une omelette	an omelette
un oncle	an uncle
les opinions (fpl)	opinions
optimiste	optimistic
orange	orange
un orange	an orange
un orchestre	an orchestra
jouer	
avec l' ordinateur (m)	to play with the computer
une ordonnance	a prescription
une oreille	ear
Où?	Where?
c'est où, …?	where is …?
j'ai oublié	I have forgotten
dans l' ouest (m)	in the west
ouvert(e)	open

ouvrir	to open

P

le pain (grillé)	bread (toast)
une paire de …	a pair of …
le panneau	the sign
un pantalon	trousers
un papa	a father
Pâques	Easter
un paquet	a packet
par contre	however
par terre	on the ground
un parapluie	an umbrella
le parc	the park
parce que	because
pardon	excuse me
les parents (mpl)	parents
paresseux/euse	lazy
parfois	occasionally
le parfum	the flavour
la parfumerie	the perfumery
Paris	Paris
le parking	the car park
parler	to speak
parmi	among
C'est	
de la part de qui?	Who is speaking?
le partage de poste	the jobshare
partager	to share
partir	to leave
à partir de …	from …
partout	everywhere
ne … pas	not …
pas mal	not bad
pas mal de	quite a lot of
passer	to spend, to pass time
passer l'aspirateur	to vacuum
passer le temps à	to spend one's time
passer un examen	to take an exam
les passe-temps (mpl)	hobbies
passionnant(e)	exciting
les pastilles (fpl)	pastilles
le pâté	pâté
les pâtes (fpl)	pasta
patient(e)	patient
le patin	the skate
patiner	to skate
une patinoire	an ice rink
la pâtisserie	the cake shop/ pastries, cakes
un(e) patron(ne)	a boss
la pause de midi	the lunch break
mal payé(e)	badly paid
payer	to pay
les pays (mpl)	countries
le pays de Galles	Wales
aller à la pêche	to go fishing
une pêche	a peach
la pelouse	the lawn
pénible	dreadful
la pension complète	full board
un père	a father
la perle	the pearl
la permission	permission

le persil	parsley
la personnalité	the personality
par personne	per person
le personnel	the staff
les personnes âgées (fpl)	elderly (people)
peser … kilos	to weigh … kilos
pessimiste	pessimistic
le petit déjeuner	breakfast
un petit lit	a single bed
petit(e)	small
un(e) petit(e) ami(e)	boyfriend/girlfriend
des petits pois (mpl)	peas
le pétrole	oil
peu de	little
avoir peur	to be afraid
Je peux avoir …?	Can I have..?
Tu peux me prêter …?	Can you lend me …?
Je peux parler à …?	Can I speak to …?
la pharmacie	the chemist
la physique	physics
la pièce	the room/each one
une pièce de … €	… € coin
à pied	by foot
le pied	the foot
les piercings (mpl)	body piercing
les pierres levées (fpl)	the standing stones
un piéton	a pedestrian
jouer au ping-pong	to play table tennis
le pion	the lunchtime supervisor
un pique-nique	a picnic
de pire en pire	worse and worse
une piscine	a swimming pool
une pizza	a pizza
un placard	a cupboard
la place	the square
aller à la plage	to go to the beach
avec plaisir	with pleasure
un plan de la ville	a town plan
la planche à voile	wind-surfing
plat(e)	flat
le plat du jour	the dish of the day
le plat principal	the main course
en plein air	outdoors
il y a plein de	plenty of
plein(e) de vie	lively
il pleut	it is raining
un plombier	a plumber
plonger	to dive
la pluie	rain
il n'y a plus de	there aren't any more
de plus en plus	more and more
plus que	more than
plus tard	later
plutôt	rather
pluvieux/euse	rainy
une poche	a pocket
une poêle	a pan
le poids	the weight
la pointure	the (shoe) size
une poire	a pear
le poisson	fish
le poivre	pepper
un poivron	a pepper
poli(e)	polite
la police	the police

un film policier	a detective film
polluée	polluted
la pollution	pollution
une pomme	an apple
une pomme de terre	a potato
le pont	the bridge
le porc	pork
le port	the port
la porte	the door
porter	to wear
portugais(e)	Portugese
le Portugal	Portugal
poser un risque	to pose a risk
posséder	to own
la poste	the post office
un poster	a poster
un pot	a pot
potable	drinkable
le potage	the soup
sortir la poubelle	to take out the bin
un poulet rôti	a roast chicken
être pour	to be for
une chambre pour deux personnes	a double room
le pour et le contre	pros and cons
une chambre pour une personne	a single room
pourtant	however
pousser	to push
Pouvez-vous lui donner …	Can you give him …
le pouvoir	the power
précédent(e)	past, former
premier	first
prendre	to take
prendre rendez-vous	to arrange to meet someone
le prénom	the first name
près d'ici	close to here
présenter	to introduce
Prêt à	Ready to
Tu peux me prêter …	Can you lend me …
les prévisions (fpl)	the weather forecast
Prière de …	Kindly …
au printemps (m)	in spring
privé	private
le prix	the price, prize
le prix fixe	the fixed price
prochain(e)	next
les produits laitiers	dairy products
les produits sucrés	sweet foods
un(e) professeur	a teacher
une programme	a programme
les projets d'avenir (mpl)	future plans
faire des promenades	to go for walks
propre	clean, own
le protège-coude	the elbow-pad
protéger	to protect
la publicité	advertising
puer	to stink
puis	then
un pull(over)	a jumper
punir	to punish
un pyjama	pyjamas
les Pyrénées	the Pyrenees

Q

Qu'est-ce que vous voulez?	What do you want?
le quai	the platform
Quand?	When?
les quantités (fpl)	quantities
le quartier	the district
quel(quelle)	which
Quel est .., numéro de …	What number is the..?
À quelle heure est-ce que je peux …	At what time can I …?
quelque chose	something
quelquefois	sometimes
quinze jours	a fortnight
quitter	to leave
ne quittez pas	hold on
C'est quoi exactement?	What is it exactly?

R

raccrochez	hang up
écouter la radio	to listen to the radio
les raisins (mpl)	grapes
faire la randonnée	to go for a ramble
ranger	to tidy
rapide	fast
rappeler	to call back
le rayon	the shelf
recevoir	to receive
la récréation	break-time
le redoublement	repeating a school year
une réduction	a reduction
réduit(e)	reduced
réel(le)	real
regarder la télé	to watch TV
la région	the region
une règle	a ruler
le règlement	rules
je regrette	I'm sorry
rejeter la faute sur	to put the blame on
remarquer	to notice
les remèdes (mpl)	remedies
remplacer	to replace
remplir	to fill
remuer	to stir
se rencontrer	to meet
la rentrée scolaire	the start of the school year
rentrer	to go back
les repas (mpl)	meals
répéter	to repeat
un répondeur téléphonique	answering machine
un requin	a shark
se reposer	to rest
les réservations (fpl)	reservations
réserver	to reserve
responsable de	responsible for
ressembler à	to look like
au restaurant (m)	at the restaurant
il me reste …	I have … left
rester	to stay
les résultats (mpl)	the results
être en retard	to be late
une retenue	a detention
retirez	take away

On se retrouve à quelle heure?	What time shall we meet?
une réunion	a meeting
réussir	to succeed
réutiliser	to reuse
un réveil	an alarm clock
le rez-de-chaussée	the ground floor
le Rhône	the Rhône
les rideaux (mpl)	the curtains
ne rien	nothing …
il n'y a rien à faire	there is nothing to do
un risque	a risk
une rivière	river
le riz	rice
une robe	a dress
la musique rock	rock music
un roman	a novel
le rond-point	the roundabout
rose	pink
rouge	red
la route	the road
la routine	the daily routine
roux	red (hair)
la rue	the road
le rugby	rugby

S

un sac	a bag
sage	clever
sain(e)	healthy
je ne sais pas	I don't know
les saisons (fpl)	the seasons
la salade	lettuce
un salaire	a salary
sale	dirty
la salle à manger	the dining room
la salle d'attente	the waiting room
la salle de bains	the bathroom
la salle de classe	the classroom
la salle de séjour	the living room
le salon	the drawing room
samedi	Saturday
un sandwich	a sandwich
sans	without
la santé	health
les sapeurs-pompiers (mpl)	the fire brigade
la sauce	sauce
une saucisse	a sausage
un saucisson	a sausage (salami)
sauf	except
sauver	to save
le savon	soap
les sciences (f)	science
un film de science fiction	a sci-fi film
scolaire	school (adjective)
une séance	a performance
le secourisme	First Aid
Au secours!	Help!
secret (secrète)	secretive
un(e) secrétaire	a secretary
la sécurité	safety
la Seine	the Seine
un séjour	a stay
le sel	salt
par semaine	per week
une semaine	a week

un	sens de l'humour	a sense of humour
	sensible	sensitive
	sentir mauvais	to smell bad
	séparé(e)	separated
	septembre	September
une	série	a series
un(e)	serveur/serveuse	a waiter/waitress
	service (non) compris	service (not) included
une	serviette	a towel
	seulement	only
	sévère	stern
le	shopping	shopping
un	short	shorts
	si	if
	si on allait …	let's go …
le	siècle	the century
le	sirop	syrup
être	situé	to be situated
faire du	ski nautique	to water ski
une	sœur	a sister
avoir	soif	to be thirsty
ce	soir (m)	this evening
la	soirée	the evening
un	soldat	a soldier
une	solde	a sale
le	soleil	the sun
un	sondage	survey
une	sorte de	a kind of
	sortes de ville	types of town
une	sortie	an exit
la	sortie de secours	the emergency exit
	sortir	to take out/to go out
	souffrir	to suffer
	souligner	to underline
la	soupe	soup
une	souris	a mouse
	sous	under
le	sous-sol	the basement
	sous-titré	sub-titled
des	souvenirs (mpl)	souvenirs
	souvent	often
les	spaghettis	spaghetti
une	spécialité	a speciality
un	spectacle	a show
faire du	sport	to do sport
les	sports d'hiver (mpl)	winter sports
le	stade	the stadium
un	stage en entreprise	work experience
une	station balnéaire	a seaside resort
le	stationnement	parking
un	steward	an air steward
un	stylo	a pen
	sucer	to suck
le	sucre	sugar
	sucré(e)	sweet
dans le	sud	in the south
Ça ne me	suffit pas	That's not enough
la	Suisse	Switzerland
	suisse	Swiss
	suivre	to follow
	super	amazing
le	supermarché	the supermarket
	sur	on
	surgelé(e)	frozen
un	surnom	a nickname
	surtout	above all, mostly
	surveiller	to watch over
le	survêtement	the tracksuit
un	sweat-shirt	a sweat shirt
	sympathique/ sympa	nice
le	syndicat d'initiative	the tourist information office

T

le	tabac	tobacco/the newsagent's
une	table	a table
le	tableau	the table
une	tâche	a task, chore
la	taille	the size, height
une	tante	an aunt
une	tasse	a cup
le	taxi	the taxi
la	technologie	technology
au	téléphone (m)	on the phone
la	télévision	the television
la	température	the temperature
le	temps	the weather, time
à	temps partiel	part-time
le	tennis	tennis
une	tente	a tent
	tenter	to try
	terminer	to end
un	terrain	a pitch
par	terre	on the ground
la	tête	the head
la	tétine	the dummy/ comforter
un	thé	tea
un	théâtre	a theatre
un	ticket	a ticket
un	timbre	a stamp
	timide	shy
le	tir à l'arc	archery
	tirer	to pull
	toi	you
les	toilettes (fpl)	toilets
une	tomate	a tomato
attendez la	tonalité	wait for the tone
le	tourisme	tourism
	tourner	to turn
c'est	tout	that's all
	tout droit	straight ahead
	tout le monde	everybody
	tout près	close by
	toutes les … minutes	every … minutes
le	train	the train
en	train de	in the act of
le	trajet	the distance
les	transports en commun (mpl)	public transport
le	travail	work
	travailler comme/chez	to work as/at
	travailleur/euse	hard-working
	traverser	to cross
	très	very
un	trimestre	a school term
	triste	sad
	trop	too
	trop de	too much/too many
le	trottoir	the pavement

une	trousse de secours	a first –aid kit
	trouver	to find
se	trouver	to be situated
un	T-shirt	a T-shirt
un(e)	tueur(tueuse)	a killer
	typique	typical

U

l'	uniforme scolaire (f)	the school uniform
	unique	only
l'	université/ la faculté	the university
une	usine	a factory
	utile	useful
	utiliser	to use

V

les	vacanciers	the holidaymakers
la	vache	a cow
faire la	vaisselle	to do the washing-up
le	vandalisme	vandalism
la	vanille	vanilla
pommes à la	vapeur	boiled potatoes
	varié	varied
une	vedette	a star
	végétarien(ne)	vegetarian
faire du	vélo (m)	to go cycling
un	vendeur/ une vendeuse	a sales assistant
	vendez–vous …?	do you sell?
	vendre	to sell
	vendredi	Friday
	venger	to avenge
	venir	to come
le	vent	the wind
il fait du	vent	it is windy
le	ventre	the stomach
un	verre	a glass
	vers	at about, towards
	version française	French language version
	version originale	original version
	vert(e)	green
une	veste	a jacket
les	vêtements (mpl)	clothes
	veuillez (écrire)	please (write)
que	veut dire … en	what does … mean
je	veux bien	I would love to
la	viande	meat
	vide	empty
la	vie	life
	vieux(vieille)	old
	vilain(e)	ugly
le	village	the village
en	ville (f)	in town
le	vin	the wine
le	vinaigre	the vinegar
la	violence	violence
	violet(te)	violet
	visiter	to visit
la	vitamine	the vitamin
à toute	vitesse	at full speed
	vivant(e)	alive
	voilà	there
faire la	voile	sailing
se	voir	to see someone
	voir un film	to see a film

la voiture	the car	un voyage (scolaire)	a (school) trip	**Y**
le volant	the steering-wheel	voyager	to travel	le yaourt	yogurt
jouer au volley (m)	to play volley ball	faire du VTT	to do mountain	y compris	including
vomir	to be sick		biking	les yeux (mpl)	eyes
je voudrais parler	I would like to	une vue sur la mer	a sea view	**Z**
à …	speak to …	**W**		zippé(e)	with a zip
Voulez-vous	Would you like	les W-C (mpl)	WC	une zone piétonne	a pedestrian zone
autre chose?	anything else?			

Les instructions

À deux.	In pairs.
À tour de rôle.	Take turns.
Adaptez la lettre.	Adapt the letter.
Catégorisez les adjectifs.	Categorise the adjectives.
Changez les mots soulignés.	Change the underlined words.
Cherchez l'intrus.	Find the odd one out.
Choisissez.	Choose.
Cochez …	Tick …
Commandez un repas.	Order a meal.
Comparez.	Compare.
Copiez et complétez la grille.	Copy and fill in the grid.
Copiez et complétez les blancs.	Copy and fill in the blanks.
Copiez et complétez les phrases.	Copy and complete the sentences.
D'accord ou pas?	Do you agree or not?
Déchiffrez les codes.	Decipher the codes.
Décidez si …	Decide if …
Décrivez.	Describe.
Dessinez un poster.	Draw/design a poster.
Discutez.	Discuss.
Dites des phrases complètes.	Say complete sentences.
Donnez un exemple.	Give an example.
Écoutez et notez.	Listen and note down.
Écoutez et vérifiez.	Listen and check.
Écoutez la météo.	Listen to the weather report.
Écrivez un paragraphe.	Write a paragraph.
Écrivez votre opinion.	Write your opinion.
Enregistrez-le.	Make a recording.
Épelez le nom.	Spell the name.
Expliquez votre problème.	Explain your problem.
Faites correspondre.	Match.
Faites des recherches.	Do some research.
Faites un sondage (de classe).	Do a (class) survey.
Finissez les phrases correctement.	End the sentences correctly.
Formez des phrases.	Make sentences.
Identifiez l'image.	Identify the right picture.
Indiquez si vous êtes d'accord.	Show if you agree.
Interviewez votre partenaire.	Interview your partner.

Inventez des réponses.	*Make up answers.*
Jeu(x) de rôle.	*Role play.*
Lisez et répondez aux questions.	*Read and answer the questions.*
Mettez les phrases dans le bon ordre.	*Put the sentences in the correct order.*
Notez la commande.	*Take down the order.*
Notez l'heure.	*Note the time.*
Parlez de …	*Talk about …*
Posez et répondez aux questions.	*Ask and answer the questions.*
Pour ou contre?	*For or against?*
Pratiquez la conversation.	*Practise the conversation.*
Prenez des notes/le rôle de ….	*Take notes/the part of ….*
Préparez une présentation.	*Prepare a presentation.*
Qu'en pensez-vous?	*What do you think?*
Regardez le menu.	*Look at the menu.*
Préparez l'addition.	*Calculate the bill.*
Remplacez les mots en caractères grasses.	*Replace the words in bold.*
Remplissez la grille.	*Fill in the table.*
Répétez les conversations.	*Repeat the conversations.*
Répondez aux questions.	*Answer the questions.*
Séparez les phrases.	*Separate the sentences.*
Travaillez à deux.	*Work in pairs.*
Trouvez la définition.	*Find the meaning.*
Trouvez le bon nom.	*Find the correct name.*
Trouvez le dessin qui correspond.	*Find the matching picture.*
Trouvez le mot/le français pour …	*Find the word/the French for …*
Trouvez le nom de …	*Find the name of …*
Trouvez un exemple.	*Find an example.*
Utilisez un dictionnaire.	*Use a dictionary.*
Vérifiez vos réponses.	*Check your answers.*